41

TRAMAS CRIADORAS
na construção do 'ser si mesmo'

Dados Internacionais de Catalogação na Publicação (CIP)
(Câmara Brasileira do Livro, SP, Brasil)

Tramas Criadoras na construção do 'ser si mesmo' / Cristina
Dias Allessandrini (org.). – São Paulo: Casa do Psicólogo,
1999

Vários autores.
Bibliografia.
ISBN 85-7396

1. Construtivismo (Educação) 2. Criatividade
(Educação). 3. Psicologia educacional 4. Arte Terapia
I. Allessandrini, Cristina Dias.

99-4708   CDD-370.15

Índices para catálogo sistemático:
1. Psicopedagogia 370.15

Editor
Anna Elisa de Villemor Amaral Güntert
Capa
Margareth Cavalcanti
Composição e Arte
Márcia Rodrigues Alves Pinto

Cristina Dias Allessandrini
(org.)

TRAMAS CRIADORAS
na construção do 'ser si mesmo'

Casa do Psicólogo®

© 1999 Casa do Psicólogo Livraria e Editora Ltda.

Casa do Psicólogo ® Livraria e Editora Ltda.

Reservados todos os direitos de publicação em língua portuguesa à
Casa do Psicólogo ® Livraria e Editora Ltda.
Rua Mourato Coelho, 1059 - Vila Madalena
CEP 05417-011 - São Paulo/SP
Fone: (11) 3034-3600
email: casadopsicologo@casadopsicologo.com.br
site: http://www.casadopsicologo.com.br

É Proibida a reprodução total ou parcial desta publicação, para qualquer
finalidade, sem autorização por escrito dos editores.

Impresso no Brasil
Printed in Brazil

Sumário

Apresentação 15

1. ALQUIMY ART: espaço de construção 19

2. Desvendando a experiência criadora 31
   Alguns processos 35
   Proposta 1 36
   Visualização de Imagens Internas 36
     1. Relaxamento 36
     2. Expressão plástica 37
   Proposta 2 38
   O Jogo do Grafismo 38
     1. Relaxamento 38
     2. Expressão plástica 39
   O que foi trabalhado... 40
   Algumas conclusões 42

3. A construção de um trabalho em
   uma escola de educação infantil 45
   Um pouco de nossa história 45
   Montessori e Piaget 47
   Uma intervenção psicopedagógica 54
   Conclusão 56

4. Metáfora e metonímia: figuras de linguagem
   como possibilidade de ação do pensar 61
   Oficina dos signos: o inter-curso dos sentidos 65
   Dos sentidos: o olho 66
   Dos sentidos: o tato 67
   Dos sentidos: o acústico 67

Oficina dos signos: duas possibilidades do pensar 68
Sobre a Metáfora e a Metonímia 71
Oficina dos signos: possibilidades na ação 74
Atividade I 74
Proposta: etapas 74
Análise da proposta 76
Atividade II 78
Análise da proposta 79
Conclusão 82

**5. O poder das histórias no caminho para o
conhecimento e desenvolvimento 87**
Trouxeste a chave? 87
O mundo imaginário da infância 88
Torta de Amoras 88
Meus encantos com os contos 89
A história do percurso dos contos de fada 90
Por que as histórias atravessaram séculos? 92
Diferentes histórias trabalham diferentes conflitos 94
Acesso ao mundo da palavra 96
Os contos de fada na aquisição da linguagem 98
Atenção! O narrador está desaparecendo! 98
Como os avós podem ajudar no resgate do narrador 100
As tradições de cada família: Os valores passados
através das histórias e "causos" familiares 100
A maior das "Narradoras" 101
O Poder da Palavra – Caminhando com Sherazade 101
Inspiração em Sherazade, Ezequiel, M. Nascimento
e na própria Bíblia... 102
Conclusão 104
Re-poetizando 107

6. A arte de construir bonecos e de contar a própria história 109
O mundo encantado dos bonecos 109
A descoberta a partir das experiências 111
A utilização dos bonecos na clínica psicopedagógica 113
Caso Renan: tomando consciência do "EU" 113

Caso Luís: a presença do interlocutor colaborando
para a construção de uma linguagem mais coerente 114
Caso Roger: percebendo a existência de um leitor 116
Ainda Roger... 117
As oficinas em grupos 119
Integrando crianças com necessidades especiais 119
Os adultos e os bonecos 120
Ampliando as relações sociais 121
As oficinas de bonecos – etapas do trabalho 123
Confecção do boneco 123
Apresentação do personagem e construção da história 126
Apresentação da história 127
O que podemos conquistar 128

7. **Oficina criativa com portadores
   de deficiência mental** 133
A experiência no Centro Municipal de Habilitação
e Reabilitação Arco-Íris 133
Falando da Deficiência 134
Recursos de arte 136
Pensando sobre cada ação 137
Conclusão 139

8. **Projeto Pastorarte: A expressão artística aplicada à
   terapia como uma forma de promover cura.** 143
Descrição do trabalho 144
Primeiro encontro. Apresentação – Como me
apresento para o mundo? 144
Vivência corporal (primeiro dia): Andar pela sala 145
Vivência: Painel de apresentação 145
Segundo encontro. Duplo enfoque: o encontro consigo
mesma e com o outro 146
Vivência corporal: Relaxamento o "Carimbo" (Farah, 1995). . 146
Terceiro encontro: Representando a sua família 146
Vivência corporal: 146
Vivência 147
Quarto encontro: A dinâmica do equilíbrio e seu efeito
na auto imagem 147

Vivência corporal: Balançando de pé (Feldenkrais, 1977) 147
Vivência: Esfera de argila 147
Quinto encontro: O auxílio do grupo para o auto conhecimento 148
Vivência corporal 148
Vivência: Instalação 148
Sexto encontro: Soltando o movimento e ampliando a expressão 149
Vivência corporal: Imaginação ativada 149
Sétimo encontro: Em busca do seu espaço interno 150
Vivência corporal 150
Vivência: Fantasia dirigida 150
Oitavo encontro: auto conhecimento 151
Vivência: Trabalhar o auto conhecimento com o auxílio de
materiais simples. 151
Nono encontro: Trabalhando as dificuldades internas. 151
Vivência corporal 151
Décimo encontro: Retomando os seus ideais 152
Vivência corporal: Caminhada Zen 152
Vivência: Conto "A princesa obstinada" 152
Décimo primeiro encontro: Teatro – experimentando
novos personagens 153
Vivências 153
Décimo segundo encontro: Fechamento – Mandalas 154
Algumas considerações finais 154

9. A arte e os 4 elementos **157**
Um pouco da nossa história 157
A escolha dos 4 elementos 159
O 1º encontro 161
Os encontros continuam… 162

Sobre os autores **169**

Os autores

ALQUIMY ART: espaço de construção
Cristina Dias Allessandrini

Desvendando a experiência criadora
Cristina Dias Allessandrini
Lígia Saadè do Nascimento

A construção de um trabalho em uma escola de educação infantil
Yolanda da Costa Guimarães Arantes
Célia Regina Faria Cusciano
Márcia Aparecida Forão Amaral
Maria Olívia Balieiro
Maria Geralda Magela Felipe
Mariana Ferreira Mendes

Metáfora e metonímia: figuras de linguagem como possibilidade de ação do pensar
Sandra Meire de Oliveira Resende Arantes

O poder das histórias no caminho para o conhecimento e desenvolvimento
Marisa Pires Fernandes Bianco

A arte de construir bonecos e de contar a própria história
Dilaina Paula dos Santos

Oficina criativa com portadores de deficiência mental
Júlia Regina de Miranda Kleiner

Projeto Pastorarte: A expressão artística aplicada à terapia como uma forma de promover cura.
Terezinha S. A. Pinheiro

A arte e os 4 elementos
Deolinda M.C.F. Fabietti
Regina Fiorezzi Chiesa

Dedico este livro a

meus filhos, **Patrícia, Sandra, Renata** e **André**

meus pais, **Ary** e **Elzy**

meus irmãos, **Jane, Gina** e **Ary**

meus padrinhos, **Amaro** e **Zoé**

minha madrinha, **Nelly**

que me acolheram e incentivaram, favorecendo a construção desta trajetória.

Obrigada.

Cristina Dias Allessandrini

Por entre caminhos e descaminhos,
tocamos a alegria de construir novos rumos,
tramas que se delineiam...
por vezes sensíveis e delicadas,
ou então claras e definidas.

Cada pessoa aprende,
recebe e corporifica,
traz para si o que acrescenta
porque tem sentido,
alimenta a alma e
promove crescimento!

Transforma a 'si mesmo',
surpreende-se ao compartilhar experiências,
agradece oportunidades e
redefine caminhos.

Aqui e ali salpicamos idéias e experiências,
refletimos sobre os entremeios
do cotidiano pessoal e profissional.
Descobrimos a nós mesmos!

Sentimos e observamos o mundo,
vibrando a qualidade sutil e amorosa
de simplesmente entrar
no fluxo natural e atemporal,
multidimensional e real
de viver a alquimia criadora,
enfim, de amar
e de aprender a cada momento!

Cristina Dias Allessandrini, 1999

Apresentação

Há um bom tempo, um grupo de educadores vem se empenhando em construir ambientes e dinâmicas educacionais propiciadores de aprendizagem, de auto-conhecimento, de bem estar.

"Tramas Criadoras" compõe uma feliz imagem do que se anda produzindo de melhor na busca de fazer da educação algo dinâmico, fluido, colado no prazer do conhecimento.

O ativo e afirmativo mundo moderno tem se distanciado da velha e esquecida noção de educação como auto-conhecimento. O fazer florescer o que cada um já tem em potencial, o que todos têm como herança de nascimento, sua capacidade de aprender.

Este potencial não é um acervo fixo, ou um dote do Senhor oferecido em quantidades determinadas. Ele é infinito em possibilidades e variável de acordo com as tramas que se criam para armar as estratégias do conhecer.

Aprender como auto-desenvolvimento transcende o movimento de processar informações. Também não se limita ao mágico movimento do relembrar ou acordar a sabedoria adormecida em cada um de nós. Estes são processos importantes, mas o aprender inclui o elaborar, o construir a partir do desafio de situações não conhecidas, e do criar novas estratégias capazes de organizar a relação da pessoa com suas condições.

Se há em cada um de nós a semente do conhecimento ela não germina por si só, depende de condições propícias, da interatividade constante com os elementos que compõem o cenário mutante das dimensões psíquicas, físicas e sociais.

O conhecimento é um acontecimento e como acontecimento contém passado e futuro no presente, articula semente e condições no fluxo interno-externo-interno.

Tramas criadoras na construção do "ser si mesmo"

Conhecer é um ato auto-renovável, reciclável e contínua em busca de aprender combinado com a surpresa da impermanência. É convite constante do florescer, expandir e desapegar, ensaio constante de liberdade e criação.

As condições são o campo do educador. As tradições de sabedoria nos oferecem caminhos, a ciência moderna desemboca em tecnologias, buscam provocar a aprendizagem. Caminhos, métodos, tecnologias são instrumentos de trabalho do educador.

As oficinas criativas, como pode-se ver a partir dos capítulos deste livro, são instrumentos potentes e versáteis do artesanato educativo, podendo ganhar características de grandes montagens.

A utilização da arte e do movimento não como disciplinas, mas como caminhos, linguagens, roteiros para desenvolver experiências, vem dotar as oficinas criativas de recursos para conjugar sensibilidade e inteligência, explorar várias dimensões simultaneamente, criar cenários que provocam a elaboração das relações multifacetadas da pessoa com suas condições.

As oficinas criativas como instrumentos educacionais, como método de trabalho voltado a criar ambientes e dinâmicas propiciadoras de aprendizagem, podem se valer de tradições sólidas da psicologia ocidental e oriental, como as referidas nos capítulos seguintes, para ampliar seu âmbito de atuação e aprofundar sua capacidade de provocar conhecimento.

A efetividade do instrumento requer, no entanto, que os educadores que o utilizam incorporem, eles mesmos, as qualidades que as oficinas querem desenvolver. O resultado de qualquer aprendizado depende da conjugação feliz de diversos elementos, entre eles é essencial que o mestre de ofício tenha o domínio dos seus recursos e técnicas, e que haja a adequação entre as condições criadas e o movimento de cada participante.

Revela-se, portanto, como estratégia fundamental para os resultados apresentados o fato das oficinas criativas terem se desenvolvido como experimentos de formação de educadores. São arte-educadores, psicopedagogos, professores que a partir de suas descobertas, do processo individual de auto-desenvolvimento, foram consolidando a potência do trabalho educativo que elas propiciam.

Apresentação

A utilização deste material e das avenidas de exploração teórico-prática que ele abre no diálogo com sólidas tradições educacionais será de grande riqueza para aqueles que estão empenhados em recriar a prática educativa e promover educação de qualidade.

Carlos Alberto Emediato

Sociólogo. Doutor em Educação pela Universidade de Stanford, U.S.A. Professor da Escola de Governo da FUNDAP. Membro fundador do Instituto de Estudos do Futuro - IEF. Coordenador da Rede Internacional de Educação para a Paz.

ALQUIMY ART: espaço de construção 1

CRISTINA DIAS ALLESSANDRINI

Em 1994 criamos em São Paulo o **Alquimy Art**: um espaço terapêutico e educacional. Em verdade, ele existia anteriormente a essa data, mas recebeu essa denominação quando nos mudamos para nosso atual endereço. Nesse tempo trabalhávamos – Silvana Lacreta Ravena e eu – buscando possíveis novas inserções de nosso trabalho dentro da demanda social que podíamos alcançar. O nome Alquimy Art surgiu em uma conversa nossa, e permaneceu porque explicitou algo de absolutamente real: nossa proposta era e é promover transformações quase que alquímicas nas pessoas que nos procuram, sempre utilizando um recurso artístico... Assim começou e assim é. Silvana permaneceu conosco apenas nesse tempo inicial, mas deixou a sua presença sensível e íntegra. Lembro-me com saudade dos sonhos e dos castelos que construímos no ar!

Desde então tenho contado com algumas colegas que têm contribuído para o crescimento desse nosso espaço de trabalho. Desejo trazer a importante presença da Cenise Veiga e da Beatriz Toledo, nos inúmeros trabalhos em grupo dos quais participaram. Em diferentes momentos e de formas distintas construímos juntas um pouco do que é o Alquimy Art hoje. Aquele sonho inicial tem se tornado realidade, assumindo inclusive novas configurações. É claro que uma semente havia sido plantada em 1982 quando iniciei meu trabalho em atelier terapêutico com crianças com dificuldades em aprendizagem. Desde então reconheço uma certa 'marca pessoal' presente em todas as minhas construções. O Alquimy Art presentifica esse caminho, com suas muitas ramificações.

Nossa proposta básica é trabalhar com crianças, adolescentes, jovens, adultos de todas as idades com a intenção de valorar a importância do elemento criador na constituição de sua ação.

As pessoas que nos procuram chegam com diferentes questões. Por vezes sentem necessidade de um trabalho terapêutico psicopedagógico,

Tramas criadoras na construção do "ser si mesmo"

pois a criança ou o adolescente apresenta problemas na escola ligados à aquisição da leitura e da escrita ou então à estruturação do pensamento lógico matemático. Nossa proposta é de, nesses casos, atuar inicialmente compreendendo a problemática presente no dinamismo da criança ou do adolescente, para posteriormente construir um processo de intervenção psicopedagógica que terá como intenção maior sua melhoria da qualidade de aprendizagem.

Trabalhamos predominantemente com recursos artísticos e expressivos desenvolvendo Oficinas Criativas direcionadas para a construção sensível de uma aprendizagem significativa. À medida que o processo pessoal de cada um vai se desenvolvendo, muitas vezes as barreiras se dissolvem e se transformam em forças que dinamizam a vontade de aprender. Outras vezes, experienciamos novas formas de sentir e de fazer, ou então de escrever e de pensar, o que expressa qualidades inusitadas a serem vividas durante o processo escolar. A criança e ou o adolescente se descobre em suas potencialidades, ampliando assim seu repertório e seu universo pessoal, recontextualizando antigos bloqueios que se desmancham e adquirem novos significados.

Por vezes a problemática é de cunho emocional, o que demanda uma intervenção terapêutica centrada nos dinamismos afetivos. A expressão artística nesses casos é extremamente importante e facilitadora na elaboração de conteúdos internos difíceis e delicados, geradores de conflitos.

Recebemos também crianças e adolescentes com necessidades especiais, que demandam de nossa parte a adequação de nossos conhecimentos para o que mais precisam desenvolver. É com alegria que acolhemos e trabalhamos juntos, procurando sempre descobrir histórias interessantes, ou então materiais que suscitem novos aprendizados. A vontade de aprender sempre permeia nosso fazer criativo e intencional. Projetos pessoais norteiam nosso dia-a-dia. Brincar e jogar estão presentes em nossas descobertas de como fazer ou pensar.

Já o jovem vem em busca de auto conhecimento. Traz a alegria de se perceber quase adulto, aliada ao desejo de ser independente e capaz de realizar suas próprias investidas no mundo. Seus questionamentos apontam para um desejo de ser reconhecido como alguém que quer ser ouvido e respeitado, dentro de seu jeito de viver a vida. Nada simples, pois questiona tudo o que, para ele, ainda não foi incorporado como próprio, afirma e reafirma posições por vezes contraditórias, busca a aliança dos

ALQUIMY ART: espaço de construção

amigos ou de quem os coompreende para sentir-se 'em casa' diante dos aparentes desatinos da vida. Estuda ou não, procurando vencer suas próprias barreiras e impedimentos. Conquista sua própria autonomia ao tentar compreender 'de que jeito é que estou agora' ou 'o que estou sentindo diante de tal situação'. Permite-se surpreender ao observar uma imagem diante de si que revela seu mundo interior... Na verdade, sua sensibilidade é elemento altamente nutridor para sua alma... É com alegria, empenho e prazer que participa dos grupos ou atendimentos terapêuticos!

Os adultos de todas as idades trazem questões pessoais oriundas de diferentes momentos de suas vidas. Quando desenvolvem um trabalho arte terapêutico pessoal, descobrem novas maneiras de se deparar com antigos padrões, e aprendem a dar-lhes novas formas ou novas configurações. Os diferentes materiais possibilitam um fazer artístico altamente re-estruturante e desencadeador de novos jeitos de lidar... O sensível norteia a ação de inaugurar com alegria e precisão a energia amorosa que transcende antigos bloqueios. A dor pode ser vivida, e também a sua delicada transmutação. O medo se traduz em figuras com as quais se pode dialogar, respostas surgem diante de questionamentos, o coração pode encontrar força para se abrir. Raivas antigas expressam sofrimentos do passado, mas trazê-los para o presente possibilita que novas figuras emerjam de modo que a energia presa no passado possa fluir em alguma ação qualitativamente melhor no presente. Ou seja, elaboramos nossos conteúdos pessoais em busca de um aprimoramento da qualidade de Ser Humano que somos.

Desenvolvemos um trabalho clínico arte terapêutico e ou psicopedagógico, assim como supervisão individual ou em grupos. Nosso foco é a ampliação e o aprofundamento de uma ação consciente em direção ao auto-conhecimento, a partir da temática presente no processo de cada pessoa.

Recebemos também profissionais da área da Educação, da Arte Educação, da Arte Terapia, da Psicopedagogia, da Reabilitação e da Psicologia que procuram uma melhoria em seu desempenho ou, então, uma orientação para atividades de cunho pessoal e profissional.

Em nossos grupos de estudo, cursos e workshops temos trabalhado temas como a relação entre *Arte e Cura, a Alquimia dos Quatro Elementos,* a *Escrita Criadora de Novas Formas, Arte Terapia Psicope-*

Tramas criadoras na construção do "ser si mesmo"

dagógica, *Arte Terapia Holística*, os *Portais de Iniciação*, as *Mandalas*: espaço mágico de criação, a presença dos *Arquétipos no Caminho de Vida*, os *Jogos e as Brincadeiras* no dia-a-dia psicopedagógico, o *Diagnóstico Psicopedagógico*, o *Desenvolvimento do Grafismo*, a *Linguagem Visual na compreensão do Desenho*, o *Jogo da Transformação*, fazer arte *Revelando o Lixo, Descobrindo a Argila* etc.

Nossos cursos ou grupos de estudo procuram atualizar e formar um pensamento consciente e aberto, voltado para uma visão holística de futuro. Além disso, desenvolvemos um trabalho de pesquisa e organizamos o material didático-reflexivo proveniente de nossas vivências. Nosso objetivo é compartilhar idéias e reflexões com os diferentes campos profissionais já citados. O que norteia nossos projetos é o aprimoramento pessoal e profissional, onde os valores humanos permeiam nossas ações e embasam nosso trabalho.

Por vezes nossa ação se desenvolve em instituições ou escolas, que apresentam uma problemática a ser trabalhada. Um projeto é preparado a partir das necessidades explicitadas pelo corpo diretor, por exemplo quando iniciamos uma assessoria junto a uma escola. Nesse caso nossa intenção é promover o desenrolar de situações que atinjam objetivos pré-estabelecidos intimamente ligados ao crescimento pessoal e profissional do corpo de professores. O tempo de duração desse tipo de projeto varia, de acordo com as metas estabelecidas na implantação do mesmo.

Desenvolvemos Projetos de Criatividade e Aprimoramento Humano em empresas, que procuram alavancar uma melhoria no desempenho de seus funcionários ao promover um programa de treinamento na qualidade de sua ação criativa e consciente. Chamamos esse programa de Gestão Mental do Potencial Criador.

Várias atividades, discussões e reflexões têm como foco a aprendizagem, tanto sob o ponto de vista mais amplo, como também ligado a processos específicos em que funções mentais dinamizam a formação do pensamento complexo. Nesse sentido, procuramos trabalhar com a comunicação inter-hemisférica convidando ambos os hemisférios cerebrais a participarem de nosso fazer. De certa forma, podemos dizer que trabalhamos com o Ser Humano em sua totalidade, vivenciando sua mente total.

Enfim, o desenvolvimento pessoal na construção de um Ser Humano que busca seu auto-conhecimento ocorre no dia a dia de nossos projetos.

ALQUIMY ART: espaço de construção

Desenhos, esculturas, construções, modelagem, trabalhos manuais, escritos, textos, poesias e música estão sempre presentes. Fazem parte do contexto e ajudam a compor nossa criação e reflexão. Contamos com um espaço físico repleto de materiais e de recursos artísticos: uma ampla sala com armários para as pastas de papéis, tintas, pincéis e argila; com mesas, bancos de madeira, muitas almofadas e tapetes.

Nossas vivências permitem a melhor compreensão do significado das experiências em comum dos membros do grupo, assim como uma melhor organização interior a partir do conhecimento evocado passo a passo. O exercício da criatividade, a melhoria da auto-estima de cada pessoa aquece seu potencial criador de modo que ousa arriscar. Novas tentativas se configuram.

Em nossos grupos, o processo é construido passo a passo, pois cada questão é elaborada e compartilhada em conjunto. Essa é uma das riquezas de nosso trabalho pois, após as vivências, há o despertar para uma outra realidade: são momentos de amadurecimento pessoal e profissional em que reconhecemos uma expansão da mente. Assim, as dúvidas, como também os progressos e as conquistas, vão sendo paulatinamente reorganizados, re-significados e re-estruturados. O indivíduo que imagina, deduz, generaliza situações, raciocina, cria e transforma pode alcançar mudanças no seu processo de desenvolvimento e *desvendar os caminhos da cognição como um meio de promover um aprendizado de melhor qualidade* (Allessandrini, 1996).

Discutimos a partir de diversas abordagens teóricas sobre os casos e as situações que se apresentam. Procuramos refletir tendo como elemento norteador o Ser Humano em processo de evolução interna consciente. Trabalhamos a construção de uma ecologia profunda em que o homem dimensiona sua ação em relação com todas as formas de vida no planeta. Uma ecologia interior se constitui alicerçada em valores humanos, evocando assim uma presença humana diferenciada no dia-a-dia, porque vivida de forma qualitativamente melhor.

Profissionais oriundos de contextos distintos enriquecem a dinâmica de nossos encontros. Procuramos reconhecer o valor e a pertinência dos vários pontos de vista, trabalhando uma visão ampla e dinâmica do Ser Humano em contínua e constante evolução.

Nosso objetivo é promover a livre experiência de um trabalho criador, independentemente do contexto onde ele se desenvolve. Consideramos

Tramas criadoras na construção do "ser si mesmo"

que o criativo é altamente desencadeador de processos refinados de operações mentais. Portanto, é relevante buscar procedimentos e metodologias que caracterizem uma prática terapêutica e educacional em que a criatividade esteja presente em cada momento do processo.

Nosso projeto é participar da construção de uma forma de pensar a ação educacional em que o elemento transformacional do ato criador esteja alimentando cada momento do fazer e do aprender.

A Psicopedagogia trabalha ao nível preventivo ou de recuperação e readaptação ao processo de aprendizagem. Procura contribuir no sentido de resgatar uma visão global e integrada do indivíduo e das diversas áreas de conhecimento, fazendo uma articulação entre os fatores afetivos e cognitivos no processo de aprendizagem.

A formação em Psicopedagogia procura articular *o micro-mundo do aluno ([seu] universo particular de vivências, afeto e valores), e o macro-mundo (as informações cumulativas universais da ciência e da cultura)* (Fagali, 1992, p. 6). Em nossa abordagem, procuramos trabalhar uma melhor integração do mundo interno com o mundo externo, dentro de uma construção dialética do sujeito com as experiências que desenvolve. A prática intuitiva e criativa concretiza os postulados teóricos que a fundamentam. O Ser Humano é sempre convidado a ampliar suas elaborações estabelecendo relações entre as partes, entre a parte e o todo, e entre o todo e as partes, dentro de uma visão sistêmica. A passagem do verbal para o não-verbal desencadeia uma certa renovação cognitiva e afetiva no indivíduo que cresce internamente.

Nossa visão de aprendizagem trabalha e envolve as pessoas como um todo, não descartando suas condições de vida nem o contato com o universo cotidiano.

Em Arte Terapia evocamos o valor e a abrangência que a Arte tem sobre o Ser Humano: pensante, formador, construtor, sensível, consciente e intuitivo. Como técnica terapêutica damos importância aos aspectos não verbais assim como à estimulação dos processos cognitivos e expressivos (Saadè, 1997/1998). Nossa proposta evoca a presença do Ser Humano em pleno desenvolvimento de sua sensibilidade e de suas competências. Trabalhamos com recursos expressivos e artísticos na construção de Oficinas Criativas (Allessandrini, 1996) de modo que possibilitem a experiência de Alquimia Criativa (Allessandrini, 1998) geradora de alegria e de aprendizagem.

ALQUIMY ART: espaço de construção

A partir de pressupostos da Psicologia Transpessoal, apresentamos o desvendar de dimensões da consciência como reveladores do universo interno do homem. De certa forma, liberar padrões e estruturas, que reduzem e impedem sua presença mais integrada e consciente, torna-se fundamental para o processo de evolução nesse tempo de contínua renovação pessoal e espiritual.

Consideramos que o profissional, que muitas vezes não tem oportunidade de presenciar o seu próprio processo de criação, poderá sentir dificuldades em entender o processo de criação do outro. A cada encontro pode-se perceber, analisar e entender as reações do outro, pois todo aquele que trabalha com o seu próprio desenvolvimento e com o seu autoconhecimento, sente-se estimulado à compreensão de sua experiência.

Os grupos de estudo atuam com interesse e entusiasmo. Muitas vezes desenvolve-se um sentido e uma orientação para o plano profissional de cada membro. Sentimos que o conhecimento vai se construindo passo a passo, pois observamos maior segurança no arriscar-se durante intervenções educacionais ou terapêuticas psicopedagógicas ou arte terapêuticas em direção ao que antes pareciam apenas impossibilidades.

Por vezes procuramos estudar certos elementos específicos presentes na compreensão da dinâmica de funcionamento das crianças e adolescentes que chegam para um trabalho clínico. Entretanto há grupos que priorizam o estudo de jogos de regras dentro de um enquadre terapêutico. Temos refletido a partir de jogos no sentido de promover o estudo do dinamismo cognitivo de crianças e adolescentes durante o jogo de regras (Macedo, Petty, & Passos, 1997a, 1997b). Procuramos compreendê-los como instrumento de avaliação em sua função estruturante (Macedo, 1994) no diagnóstico e nos procedimentos a partir dos quais podemos le-vantar hipóteses sobre o jeito de funcionar de cada pessoa. Eles permitem a constatação do dinamismo do sujeito, dentro do contorno que oferece.

Temos estudado jogos como o UNO e o Rummikub ou o Cartino, assim como outros que já têm sido utilizado em contextos tanto educacional como psicopedagógico, como é o caso do Quatro Cores, do Dominó e do jogo da Senha (Macedo, Petty & Passos, 1997a, 1997b).

Percebemos que é possível observar grandes semelhanças entre o trabalho desenvolvido com jogos, conforme a visão desses autores, e nossa

Tramas criadoras na construção do "ser si mesmo"

proposta de trabalho com arte. De certa forma, sentimos que o princípio norteador ligado aos valores e à construção de uma atitude coerente e respeitosa para com cada pessoa é compartilhada em ambas as propostas de intervenção educacional e psicopedagógica.

No presente livro, apresentamos nossa proposta de trabalho em suas múltiplas faces. Os grupos a quem destinamos nosso conhecimento, as necessidades de cada um, nossas possibilidades, nossas intenções de construção terapêutica e educacional aqui são relatados.

Muitas pessoas já vivenciaram e têm participado de nosso trabalho, em situações distintas. Como alunos ou pacientes, como participante de grupos ou como pesquisador, como colaborador ou como pessoa que chega em busca de um aprimoramento pessoal ou profissional.

Dentro dessa múltipla entrada, convidei alguns grupos e ou pessoas a relatarem como hoje estão construindo seu trabalho. São profissionais que conheço com certa intimidade pois participaram de grupos de supervisão ou de estudo, durante muitos anos, vivendo e compartilhando Oficinas Criativas na descoberta de como construir um jeito próprio de ser profissional. Admiro a alegria com que construiram uma prática pessoal, trilhando caminhos próprios, assumindo a autoria de uma forma de atuar nos contextos em que trabalham. Sinto-me, de certa forma, privilegiada, pelo fato de ter acompanhado seu crescimento. Afinal, semana após semana construimos Oficinas Criativas, e eles foram construindo a si próprios... Hoje, nossos grupos pertencem ao passado... Mas sinto e reconheço que aquele tempo permanece vibrando dentro de cada um, na configuração de um trabalho que amadureceu e floresceu.

Este livro apresenta se u trabalho, com a qualidade que possui atualmente. Muitas transformações estão descritas e podem ser sentidas por todos nós. Alguns caminhos estão praticamente se iniciando, mesmo que sendo trilhado há tantos anos. De certa forma, reconheço maturidade profissional nestes queridos companheiros de jornada!

Em uma escola infantil, descobrimos o quão importante é mudar! Ressignificar conteúdos e formas, criando novos aprendizados. O grupo interage e evolue, alimentando a alegria em construir um dia-a-dia harmonioso, alegre e envolvente.

ALQUIMY ART: espaço de construção

Também penetramos no universo das figuras de linguagem, descobrindo múltiplas possibilidades no intercurso dos sentidos. Desvendamos nas oficinas dos signos as possibilidades do pensar.

Ou nos encontramos no mundo maravilhoso dos contos de fada! Quantas imagens estão presentes em nosso mundo real e irreal... Lembranças de vida que permanecem vivas e nutrem a intimidade da experiência profissional.

E os queridos bonecos, então? Que prazer é dialogar com eles discutindo nossos conflitos ou expressando nossos anseios! Compreendê-los, além de confeccioná-los é descrito com amorosidade e clareza, para que possamos também desvendar a arte de construí-los.

Aprendemos a sentir e a observar a maneira carinhosa com que o deficiente mental pode ser acolhido dentro de um trabalho criativo e respeitoso, desenvolvido em uma instituição pública.

Enfim, construímos nosso pensar, afetuosamente conectados em nosso mundo pessoal. Aprendemos a sentir e a agir, a respeitar nossos limites reais ou imaginários. Alargamos nossas fronteiras pessoais, desvendamos nossos potenciais. Encontramos aspectos de nossas fronteiras pessoais gentilmente apresentados no trabalho arte terapêutico com mulheres, dentro de uma dimensão de cura interior.

E, finalmente, compartilhamos a construção profissional de pessoas que buscam, consciente e intensamente, o aprimoramento de sua prática. O tema básico permanece norteando a escolha de cursos que trazem, cada vez mais, a compreensão de questões presentes durante o desenvolvimento de seu trabalho. Ou seja, a pesquisa com os quatro elementos da natureza: terra, água, fogo e ar inseridos em Oficinas Criativas dentro de uma dimensão de auto conhecimento e de resgate da saúde.

Este livro apresenta idéias precisas sobre como cada autor trouxe para seu universo pessoal algumas de nossas reflexões. Como incorporou-as em sua atuação profissional e, finalmente, como constituiu sua forma de agir dentro de sua proposta de trabalho. Nesse sentido temos o depoimento de professores e educadores, lingüistas, arte educadores, psicopedagogos, arte terapeutas e psicólogos.

Tramas criadoras na construção do "ser si mesmo"

Nossa intenção é apresentar algumas referências práticas de como cada uma dessas pessoas encontrou uma forma pessoal de construir seu trabalho, a partir de experiências de Oficina Criativa. Acreditamos que a explicitação de algumas atividades práticas possa auxiliar a professores, educadores, psicopedagogos e psicólogos, arte terapeutas e fonoaudiólogos, a compreenderem a ampla dimensão que a proposta metodológica de Oficina Criativa possui, podendo assim encontrar também seu próprio jeito de desenvolver um trabalho criativo e dinâmico que favoreça o desenvolvimento daqueles com quem trabalha.

Referências Bibliográficas

ALLESSANDRINI, C. D. (1996). *Oficina Criativa e Psicopedagogia*. São Paulo: Casa do Psicólogo.

ALLESSANDRINI, C. D. (1998). A alquimia criativa. In: ALLESSANDRINI, C.D.; BRANDÃO, C.R.; LIMA, E.P. *Criatividade e novas metodologias*. Série Temas Transversais, Volume 4. São Paulo, Fundação Peirópolis.

FAGALI, E. Q. (1992). A função da Psicopedagogia na escola e na clínica e sua contribuição para os processos de sensibilização e problematização na aprendizagem. *Revista Construção Psicopedagógica*. São Paulo: Ano I, n°1.

MACEDO, L. de (1994). *Ensaios construtivistas*. São Paulo, Casa do Psicólogo.

MACEDO, L. de; PETTY, A. L. S.; PASSOS, N. C. (1997a). *Quatro cores, senha e dominó: oficinas de jogos em uma perspectiva construtivista e psicopedagógica*. São Paulo, Casa do Psicólogo.

MACEDO, L. de; PETTY, A. L. S.; PASSOS, N. C. (1997b). *Caderno para atividades propostas em 4 cores, senha e dominó*. São Paulo, Casa do Psicólogo.

SAADÈ, L. (1997/1998) Arte-Terapia uma estratégia no desenvolvimento emocional e cognitivo. *Revista Arte-Terapia: Reflexões*. São Paulo: Ano III, n° 2.

Desvendando a experiência criadora 2

CRISTINA DIAS ALLESSANDRINI
LÍGIA SAADÈ DO NASCIMENTO

Estamos em um tempo em que a Educação deve procurar novas metodologias que tornem a aprendizagem mais prazerosa e significativa. Nossa criança deve poder se sentir mais vinculada aos programas desenvolvidos na escola. Elas merecem aprender com mais alegria e amorosidade. Acreditamos que se trabalharmos criativamente com o nosso professor, valorizando sua prática e enriquecendo sua ação criadora, estaremos participando da constituição de um novo modelo educacional, atualmente tão necessário.

Nossas vivências podem ser redimensionadas dentro do contexto educacional assim como em contexto psicopedagógico, arte terapêutico ou de experiências que objetivem a presença de uma ação criadora na construção e na resolução de projetos de trabalho.

Trazemos presente os desafios impostos pelo desenvolvimento da sociedade atual, cerne do processo de busca constante pela qualidade de Ser, em que o homem tem realizado em suas múltiplas ações direcionadas a um autoconhecimento, com base em uma experiência criadora.

Nossa visão de homem e de mundo reconhece as múltiplas interconecções entre sistemas e subsistemas que interagem mutuamente, constituindo um ir e vir interdependente de movimentos e interações, que se diferenciam para transformar, gerando novas formas e novas estruturas.

Criar é tocar a essência mais profunda do Ser Humano. É sentir a beleza do sutil, em um espaço onde antes era nada, e que de repente passa a ser uma forma, um contorno, emerge um gesto, enfim, a expressão de um sentimento presente dentro de nós. É redimensionar o que existia

Tramas criadoras na construção do "ser si mesmo"

em direção a algo que passa a ser, conectado com os valores internos e constituintes do Ser.

O ato criador pode estar presente nas mais diferentes situações de vida que norteiam nossas construções (Allessandrini, 1994, 1996, 1997, 1998). Nossas pesquisas procuram oportunizar sua presença, de modo a tentar entender um pouquinho mais sobre seus mistérios... Acreditamos que há um potencial de construção entre o nosso Ser profundo e aquele que se manifesta no dia-a-dia de nossas vidas.

As vivências de Oficina Criativa são experiências que redimensionam as atividades cotidianas. O relaxamento corporal; a livre escolha de materiais diversos; o desenhar; o escrever sobre o que foi vivido; o narrar histórias; o discursar. O que elas significam? Cada uma dessas ações é a parte prática dos cursos e dos grupos de estudo que desenvolvemos no Alquimy Art. A "reciclagem" e atualização pessoal acontecem constantemente, à medida que as pessoas defrontam-se com uma série variada de textos a serem discutidos e revistos, o que permite que, muitas vezes, a prática adquira uma nova direção. *O conhecimento não é assimilado de forma passiva e reprodutora, mas sim a partir da construção ativa do pensar, na qual a postura do rever e do relativizar, interpretando e valorizando as diferentes formas de pensar, está sempre presente* (Allessandrini, 1996).

O ato criador acontece a cada gesto, pensamento, palavra ou figura, quando algo é evocado à consciência e parte da essência primordial do Ser. As situações singelas como a escolha de uma cor, a escrita de uma palavra, a construção de uma frase ou mesmo de um poema são extremamente significativas e intimamente ligadas ao momento de prazer vivenciado.

Pode-se dizer que o lúdico também está presente e faz parte da dinâmica do grupo. Por vezes o lúdico traz prazer, porém pode provocar certa dose de ansiedade, que funciona como um 'estofo' para o cultivo do germe que emerge como criação. Certo nível de tensão faz parte integrante do processo de conquista e crescimento, e mobiliza a construção de algo que é inusitado. Enfim, *a expressão artística pode proporcionar ao homem condições para que estabeleça uma relação de aprendizagem diferenciada com o seu semelhante e com o mundo que o rodeia* (Allessandrini, 1996).

Desvendando a experiência criadora

Durante as dinâmicas que se desenrolam no Alquimy Art, o grupo integra-se social e profissionalmente. Trabalha no sentido de buscar atividades a partir dos dados e informações que são colhidas durante os seus encontros. O tempo, o ritmo e a linguagem plástica e visual de cada um são tratados como singular. A relação de troca que se estabelece permite que cada um seja 'si mesmo', dentro de um trabalho que é coletivo. Todos evoluem dentro de seu próprio processo de construção e, portanto, de individuação.

No Alquimy Art reconhecemos que a criatividade é um processo inerente ao Ser Humano e está relacionada à sua capacidade de produção, construção, associação, reversibilidade e abstração.

O homem moderno muitas vezes está privado de um contato mais íntimo com o seu meio ambiente, devido a sua rotina de trabalho e de produtividade. Ele fica a serviço de um funcionalismo, utilitarismo, tecnicismo, inerentes ao capitalismo, tendo sua conduta delineada por moldes e modelos, fato que prejudica seu sentido de unicidade e de identidade, considerando que cada pessoa é um ser único, com desejos e preferências que lhes são próprios. *A sociedade que condicionou o homem à sua capacidade de produzir para consumir, deixou um lugar à parte para o artista. Um privilégio para a criação, mas também uma forma de exclusão* (Moreira, 1993).

Quando este espaço de informação e de transformação é permitido ao ser humano, ele próprio traça o seu perfil por meio da escolha, no contato, na manipulação e no uso de diversos materiais como sucatas, argila, barbantes, pregos, tintas, pincéis, cola, revistas, lápis, carvão, papel... *ordenações de uma matéria, formas igualmente simbólicas cujo conteúdo expressivo se comunica* (Ostrower, 1987). A relação com estes materiais implica em uma organização interna, que vai sendo conquistada aos poucos, e que significa um processo de maturação emocional, motora, espacial, visual, táctil e gestual.

Neste plano de trabalho não há regras ou técnicas rigorosamente definidas, de manusear os materiais expressivos; mas há caminhos e maneiras de tornar familiar e acessíveis os recursos artísticos existentes tanto no reino animal, vegetal e mineral, como no mundo químico-industrial de nossos dias. Nossa proposta procura redimensionar a utilização de materiais específicos, transpondo seu conteúdo simbólico e

Tramas criadoras na construção do "ser si mesmo"

também sua propedêutica, para a forma como ele é ou não é utilizado dentro de 'recortes' de trabalho específicos.

Seguimos uma linha mestra 'básica' que já descrevemos em nossa pesquisa de mestrado (Allessandrini, 1996) denominado ETC – Continuum de Terapias Expressivas (Kagin & Lusebrink, 1978; Lusebrink, 1990). Seus pressupostos essenciais reafirmam o caráter evolutivo do desenvolvimento humano, apontando as fases naturais presentes nesse desenvolver como absolutamente constituintes de um processo terapêutico. Um outro aspecto relevante é a posição dada para o elemento criador pela autoras supra citadas: ele é central e também responsável pela 'costura' na passagem pelos diferentes níveis de experiência expressiva. Ou seja, o criativo é que alinhava os momentos distintos das vivências, garantindo a evolução em espiral do processo de transformação.

Reflexões como essa devem orientar o sentido do trabalho, da liberação e do crescimento interior desencadeados no decorrer do atelier terapêutico, por exemplo. A imaginação, a intuição, a vontade e os sentimentos têm grande importância na aquisição e no desenvolvimento da auto-expressão.

Lembramos que estamos constantemente re-significando o uso de materiais e técnicas artísticas dentro dos projetos que desenvolvemos. Nesse sentido, incentivamos a pesquisa de materiais alternativos como, areia, terras coloridas, pigmentos, folhas, galhos e outros; em busca de um aprimoramento do fazer expressivo. *Afinal, o homem cria, não apenas porque quer, ou porque gosta, e sim porque precisa; ele só pode crescer enquanto ser humano, coerentemente, ordenando, dando forma, criando* (Ostrower, 1987).

Os processos criativos emergem com alegria e simplicidade. Por vezes parece que as Oficinas Criativas são construídas a partir de um nível de elaboração imensa… Mas a verdade é que, ao desencadear uma proposta, visualizamos o objetivo final e, de forma intuitivamente sábia as etapas se articulam e constituem um processo livre de 'amarras' com o passado, e portanto, conectados no momento presente. Talvez essa seja uma das qualidades de nossas vivências… Talvez seja por isso que as pessoas sentem-se tocadas em suas entranhas… Alimentam-se do néctar nutridor presente em seu potencial criativo. Tocam e exprimem emoções importantes, sentem seus próprios sentimentos… Constróem uma forma pessoal de interagir com autonomia e interdependência, com amorosidade.

Desvendando a experiência criadora

Partimos de um espaço que é nada. Vazio em sua forma, e desejoso de ser preenchido com a qualidade de Ser de cada um. Enfrentamos esse vazio com alegria e despreendimento, colhendo sementes de entrega e semeando realização e concretização. A surpresa presente no fazer no momento e no tempo, por vezes chega a ser altamente desestruturante, provocando uma sensação de ruptura interna... Como disse Patrick Paul (1999) *somos frequentemente colocados diante da experiência de ruptura, quando antes havia certa continuidade... Há movimento de energia. É preciso sentir esse movimento, tentar apreender o que existe, e acolher o que é justo.*

Nossas propostas reverberaram bastante. Observo como tantas pessoas criam dinâmicas que lembram nossas Oficinas Criativas no Alquimy Art. Hoje observamos e percebemos nossa própria experiência como tendo sido construída em movimentos contínuos e descontínuos, sem dúvida geradores de novas configurações.

Procuraremos descrever algumas dessas dinâmicas para que você, leitor, compreenda na prática sua evolução.

Alguns processos

Vamos apresentar agora alguns fragmentos de trabalhos desenvolvidos no decorrer desse processo. Sempre iniciamos com um trabalho corporal que prepara nossa mente e psique para a experiência criadora. O objetivo 'por trás' da Oficina em si orienta os passos a serem seguidos, que evoluem em uma dinâmica tal, que garante a completude do processo.

A música ajuda a compor a experiência. No relaxamento, escolhemos melodias suaves e delicadas, que expandem o universo interior distensionando o corpo e a mente. Durante os trabalhos de expressão plástica e escrita, selecionamos músicas que sentimos como pertinentes ao foco que pretendemos desenvolver. Por exemplo, quando o ritmo é mais demarcado e forte, evoca-se sentimentos e emoções mais ligados aos processos primários. Já canções com enredo, suscitam experiências ligadas aos processos secundários. Por vezes, preparamos uma seqüência de músicas que, na continuidade que configuram, embasam a dinâmica psíquica vivida pelos participantes.

Tramas criadoras na construção do "ser si mesmo"

Conforme apresentamos em nosso livro (Allessandrini, 1996), nos reportamos a Freud, 1972, que apresenta os processos primário e secundário enquanto constituintes do aparelho mental. Apontamos também Arieti, 1979, que se refere ao processo terciário: que ocorre quando o sujeito realiza a síntese mágica do ato criativo. Nosso trabalho continua encontrando, nesses teóricos, parte de seus fundamentos.

O relato a seguir exemplifica algumas situações de Oficina Criativa, com uma breve reflexão acerca desse conteúdo internalizado.

Proposta 1

Visualização de Imagens Internas

1. Relaxamento:

• Todos permanecem na posição sentada.

• Observar a respiração: sentir o ar que entra e penetra pelas narinas, preenche os pulmões, aprofunda-se em direção à região do ventre.

• Acomodar o corpo, posicionando a coluna espinhal. Manter o eixo central e os ísquios como ponto de apoio.

• Fazer a rotação da cabeça para a direita e para a esquerda, três vezes. Primeiro para uma direção. Quando terminar, realizar uma breve parada antes de iniciar o movimento em outra direção.

• Fechar os olhos e soltar o corpo.

• Visualizar uma figura interna mantendo os olhos fechados.

• Continuar o trabalho de respiração lenta e consciente.

• Aproximar e afastar essa imagem, condensá-la e expandí-la, focalizando a atenção na sua criação e no movimento que se processa.

Desvendando a experiência criadora

2. Expressão plástica:

• Desenhar no papel sulfite cortado em pedaços (20 cm x 15 cm) a imagem criada. Pode-se usar qualquer material artístico para tal. Cada um prepara vários desenhos muito rápidos, até o número máximo de seis.

• Observar a relação figura e fundo, a partir do grafismo inscrito no papel.

• Reconhecer o sentimento evocado durante a experiência.

• Parar, sentir, observar e ouvir o relato a seguir, detonador de uma história a ser redigida.

Em um tempo sem tempo, em um lugar onde as imagens imperam. Crie uma história com as características básicas de uma narrativa: um personagem vivendo uma situação em um determinado contexto. Entre em contato com o seu material expressivo e procure desligar-se de aspectos que lhe limitem. Como procurar vestir novas roupas e... tentar DESVESTIR-SE, libertando-se do pensamento lógico e criando um pensar analógico. Talvez você queira vestir algo diferente do convencional... ou melhor, des-vestir-se da formalidade do cotidiano. Sinta e escreva...

O grupo se distribui pela sala e senta-se no chão em almofadas, formando um grande círculo. Nesse momento cada um mantém o contato com a visualização, com o desenho e imagina uma narrativa que redige. Os textos produzidos vêm repletos de significados.

Ao fechar a atividade cada um permanece atento ao processo interno, ao caminho que percorreu em cada momento experienciado. Suas fantasias criam corpo, ao mesmo tempo que procura reconhecer seu dinamismo mental. Que movimentos lhe são mais ou menos fáceis de realizar? Em que situação houve maior ou menor agilidade mental para trabalhar com a imagem produzida?

Ao final do processo, cada pessoa pode compartilhar e trocar com os membros do grupo o que viveu. É um tempo em que novas relações de

Tramas criadoras na construção do "ser si mesmo"

analogia, comparação e diferenciação acontecem no discurso verbal que visa atingir uma nova organização interior de cada um ali presente.

Proposta 2

O Jogo do Grafismo

1. Relaxamento:

- Escolha o lugar para ficar em um grande tapete com almofadas.

- Sente-se em círculo. Cruze as pernas, na posição de lótus. Coluna ereta. Mãos repousam sobre os joelhos.

- Procure encontrar o seu ponto de apoio sob as nádegas, nos ísquios. Observe o seu eixo central.

- Feche os olhos, observe sua respiração, e o ar que entra e sai de seu corpo.

- Faça três vezes uma rotação com a cabeça: para a esquerda, para a direita, para frente e para trás.

- Procure esvaziar sua mente, deixando que os pensamentos vão embora.

- Vivencie sua atividade mental, entrando em contato com seu ritmo interno. Reconheça seus movimentos pessoais, como caminho de conhecimento.

- Vamos *voltar no tempo*. Vamos relembrar cada detalhe do dia, desde o momento em que você acordou, até agora. Procure observar elementos concretos, objetos, situações e sentimentos. Da primeira vez, faremos essa prática por três minutos, da segunda por dois minutos, e da terceira por trinta segundos.

- Siga a orientação na medida em que é dada, e 'entre' na atividade. Avisaremos em relação à duração de cada vivência: quando é tempo de iniciar, e quando é tempo de terminar.

Desvendando a experiência criadora

- Tente não ficar preso em nenhum detalhe, cena, situação ou emoção do seu dia.
- Vivencie esse voltar no tempo com seu olho interno, observador do que se passa.
- Ao final, volte lentamente sua mente para o espaço físico em que você se encontra agora.
- Observe seus sentimentos e suas sensações.
- Abra os olhos.
- Relaxe e procure uma posição de conforto para o seu corpo.

Com o uso da prática de *voltar no tempo* (Maitland, 1997), trabalhamos a observação do funcionamento da mente. De seus ritmos e movimentos. Das nuances e tonalidades que podemos visualizar. Vivenciamos nossos elos e ligações, procurando compreendê-las. Assim podemos chegar a uma síntese pessoal de nossos conteúdos. Nossas lembranças, às vezes boas, às vezes ruins, tem a condição de serem resignificadas. Podemos reconhecer quando ficamos enganchados em uma coisa boa ou ruim, para então nos desapegarmos desse padrão. Dessa maneira, resíduos de emoções já vividas podem ser transformados.

2. Expressão plástica:

- Convidamos vocês, agora, para vir em direção à mesa, onde tem disponível papel sulfite branco tamanho A-3. Permaneçam em torno da mesa.

- Escolha uma cor de tinta anilina, diluida em álcool, e um pincel.

- Inicie fazendo uma intervenção nesse espaço em branco: trace seu gesto pincelando uma 'linha'.

- Passe sua folha para o colega ao seu lado, que fará, por sua vez, um novo grafismo, como continuidade ao seu.

- E assim sucessivamente, até que sua folha retorne ao lugar inicial. O ritmo da música ajuda a demarcar o tempo de grafismo de cada pessoa.

Tramas criadoras na construção do "ser si mesmo"

• Quando retornar, olhe com carinho e cuidado a imagem que se formou. Sinta se você gostaria de dar um fechamento ao seu trabalho: realize então um último grafismo, com a cor que desejar.

• Se você quiser, escolha outros materiais artísticos como por exemplo crayon ou lápis de cor, e finalize sua imagem que expressa sua experiência interna, anterior.

Essa atividade também encontra ecos no *jogo dos rabiscos* segundo Winnicott (1994), que, a princípio é um jogo sem regras, que privilegia a integração, a flexibilidade e a troca entre os seus participantes. Nele o brincar tem um lugar especial.

O jogo do rabisco pode ser realizado dentro de diferentes modalidades. O grupo sentou-se em círculo. Cada participante recebe uma folha de papel A3 em branco e lápis colorido ou preto grafite. Nesse espaço ele pode interferir desenhando de uma maneira aleatória e solta. Desta forma, faz um simples traçado como um rabisco. Pára, observa o resultado, e cede seu papel ao próximo participante. Este olha a imagem sugerida pelo grafismo e faz a sua interferência: rabisca. E assim sucessivamente até que todos façam uma linha ou traço no trabalho que recebe do colega. O papel termina seu percurso quando retorna ao seu lugar de origem. A pessoa que recebe de volta o trabalho que iniciou sente se deseja finalizar ou não, com a expressão de um último gesto. Enfim, ele reconhece quando está pronto.

Sentimos a união da mente e da arte. É um processo que ocorre em diferentes níveis, sendo expressos e trabalhados ao mesmo tempo imagens que traduzem nossos conteúdos pessoais. Nessa leitura acontecem coisas que foram observadas, mas não faladas nem mencionadas, foram sentidas e não formalizadas. Podemos ver uma forma, ou uma personagem, ou uma cor, ou uma linha e depois começam a surgir outras imagens e informações visuais... Mesmo quando pessoas diferentes começam a ver a mesma figura, cada uma enxerga de maneira diferente.

O que foi trabalhado...

A observação do trabalho interno desenvolvido naquele momento e a comparação com o trabalho anterior nos permite descobrir a existência

Desvendando a experiência criadora

de algo novo e especial. Utilizamos o desenho que foi construído para cada um montar uma história pessoal, que a princípio não tem nenhuma regra. É quando há a transformação da imagem em uma nova concretização.

Ressaltamos que o desenho serviu como um estímulo visual e está totalmente integrado com a história, pois ao narrar muitos ressaltam a importância e o significado daquele momento para si; trabalhamos a relação entre a consciência de desequilíbrio com a procura do ponto de equilíbrio; o focalizar o olhar mantendo o equilíbrio e a atenção plena; a relação de algumas questões (sentir, gostar) com o sistema nervoso (sistema límbico-emocional); e também a mudança no sentir para absorver a aprendizagem, quando contactamos primeiro a dimensão afetiva para depois suscitar mudanças no plano cognitivo.

Os desenhos são feitos quantas vezes for desejado, inclusive com a variação nas suas cores, na sua composição, no seu ritmo e na sua repetição. Para uma construção estética podem ser expressas frases e palavras, que signifiquem e tragam à consciência aquilo que foi vivido durante a vivência. O contato com o material por vezes determina caminhos pessoais que ainda não foram trilhados ou experimentados até então, portanto deve-se observar se o material atende o percurso interior que a pessoa precisa realizar naquele momento.

As atividades humanas são explicitadas pelo processo cognitivo em conecção íntima com o afetivo, e trazem a perspectiva de transcender o significado usual, buscando alargar a experiência em si. Nesse sentido, trabalhamos também a partir de pressupostos do budismo tibetano que trabalha o reconhecimento do funcionamento da mente (Maitland, 1997). Nessa abordagem há uma ênfase dada nas ações mentais. Parece que estamos produzindo apenas pensamentos mas existem determinados resíduos que permanecem dentro de nós, por conta de algo que é de ordem emocional e que pode trazer uma carga de negatividade para nossas ações. Se pudermos também, além de trabalhar nossos pensamentos, observar nossos sentimentos e também sentí-los como sensações talvez possamos compreendê-los melhor. Viver essa qualidade é trabalhar a ampliação de nossa própria consciência.

Portanto, uma primeira forma de trabalhar as emoções é observando-as assim como o que acontece à medida que elas se expressam. Elos e

Tramas criadoras na construção do "ser si mesmo"

ligações, que se completam chegam em um nível de síntese pessoal e interna. O uso da prática de voltar no tempo aliada ao reconhecimento do funcionamento da mente possibilita essa experiência.

Chega o momento de trabalhar internamente a transcendência dessa emoção que nos mantém enganchados. São resíduos de emoções já vividas que podem ter origem até na infância. A forma como sentimos ser verdadeira e eficaz é, em compreendendo o que emerge como conteúdo, acolhendo carinhosamente como conhecimento, abrindo assim espaço interno para redimensionar erros e acertos, amorosamente aceitos e, então, transmutados.

Algumas conclusões

A importância da arte fica visível na aprendizagem e na organização dos esquemas. Lembramos que o esquema é uma ação cognitiva consciente, que se constrói a partir de um plano sensorial e motor, ou seja, é uma unidade cognitiva que se forma a partir de uma determinada forma de mentalizar o que se quer construir e que se expressa por meio da ação. Portanto podemos afirmar que, durante todo o nosso aprendizado, valorizamos a arte enquanto um mecanismo quase mágico, que permite nos apropriarmos cada vez mais de nossa potencialidade e capacidade de intervenção como educadores.

A descrição das duas atividades não é o suficiente para esclarecer o nosso percurso. Ressaltamos que a escolha e a direção do programa parte de um acordo entre os integrantes da oficina, cada passo é decidido em conjunto. Durante as dinâmicas, cada um se organiza dentro de seus próprios limites de tempo, relaxamento, ocupação de espaço físico, raciocínio e energetismo efetivo.

Para descrever as sessões é preciso revivê-las... Com isto sentimos uma certa nostalgia do que foi vivido, assim como pensamos em re-inserí-las em outros contextos. Então, é necessário uma reflexão sobre como fazê-lo. Há certa exigência interna, em relação à qualidade do trabalho desenvolvido e vivido por cada um de nós.

Escolhemos compartilhar e falar sobre ele no contexto desse livro. O que mais nos marca é a diversidade de nosso trabalho, que não altera sua

Desvendando a experiência criadora

direção e sua proposta inicial, mesmo se por vezes valorizamos um certo espontaneísmo intuitivo, mantemos sempre a oportunidade de reflexão e os elos de ligação com a prática profissional de cada um. Podemos soltar nossa criatividade e inventar muito, de uma maneira descontraída e imprevisível, sem sair do propósito inicial da Oficina Criativa. E assim construímos a pessoa e o profissional que hoje somos.

Enfim, desvendemos a experiência criadora construindo com alegria e amorosidade a nós mesmos.

Referências Bibliográficas

ALLESSANDRINI, C. D. *Oficina Criativa e Psicopedagogia.* São Paulo: Casa do Psicólogo, 1996.

ALLESSANDRINI, C. D. A alquimia criativa. In: ALLESSANDRINI, C.D.; BRANDÃO, C.R.; LIMA, E.P. *Criatividade e novas metodologias.* Série Temas Transversais, Volume 4. São Paulo, Fundação Peirópolis, 1998.

ALLESSANDRINI, C. D. A criatividade na educação para a paz. *Arte-Terapia: Reflexões,* São Paulo, 2 (2): 31-42, 1997.

ALLESSANDRINI, C. D. O Elemento Criador na Aprendizagem, in *Psicopedagogia.* Revista da Associação Brasileira de Psicopedagogia, vol. 13, nº 28, p.23-24. São Paulo: jan. 1994.

KAGIN, S.; LUSEBRINK, V.B. The expressive therapies continuum. *Art Psychotherapy,* 5 (4): 171-179, 1978. Tradução e seleção de textos de Selma Ciornai, revistos posteriormente por Cristina Dias Allessandrini.

LUSEBRINK, V.B. *Imagery and visual expression in therapy.* New York and London, Plenum Press, 1990.

MAITLAND, A. *A Totalidade do Ser.* Curso ministrado no Instituto Nyingma, São Paulo, 1997.

MOREIRA, A. A. *O Espaço do Desenho: a Educação do Educador.* São Paulo, Loyola, 1993.

OSTROWER, F. *Criatividade e Processos de Criação.* Petrópolis, Vozes, 1987.

PAUL, PATRICK. *Terapia, Arte e Arte Terapia.* São Paulo, Workshop realizado no Sesc Pompéia, 1999.

WINNICOTT, D.W. *Explorações psicanalíticas.* Org: Claire Winnicott, Ray Shepherd, Madeleine Davis. Trad. José Octavio de Aguiar Abreu. Porto Alegre, Artes Médicas, 1994.

A construção de um trabalho em uma escola de educação infantil

3

YOLANDA DA COSTA GUIMARÃES ARANTES
CÉLIA REGINA FARIA CUSCIANO
MÁRCIA APARECIDA FORÃO DO AMARAL
MARIA OLÍVIA BALIEIRO
MARIA GERALDA MAGELA FELIPE
MARIANA FERREIRA MENDES

Este texto pretende apresentar o processo de desenvolvimento de uma escola que, sem perder as bases do sistema que a norteou, evoluiu trazendo, para o fim do século XX, a proposta de Maria Montessori. Ao fazer isso, esperamos também estar esclarecendo dúvidas, que possam pairar sobre as bases de sua proposta e sobre sua posição frente aos problemas da educação. Pretendemos, ainda, mostrar como seu trabalho continua atual e o quanto seus princípios respeitam as mais modernas teorias de desenvolvimento. Gostaríamos de deixar claro que, muitas das críticas, feitas a Montessori, vêm de uma leitura superficial de seus livros, ou de visitas a escolas, onde o sistema é mal aplicado.

Um pouco de nossa história

Por volta dos anos 60, o sistema montessoriano estava sendo reintroduzido no Brasil pelo educador Padre Faure. Vinha da França, onde Lubienska de Lenval abrira e orientava diversas escolas no método, que ficou conhecido entre nós como: "Montessori-Lubienska". Tratava-se de uma certa adaptação do sistema original e representava um avanço enorme em relação ao que, em geral, se praticava na "pré-escola" e no antigo "curso primário".

Conhecíamos o trabalho feito em alguns desses colégios em São Paulo. Os profissionais ligados a área de educação eram convidados a visitá-los

Tramas criadoras na construção do "ser si mesmo"

e mesmo estagiar. Pareceu-nos que ali estavam as respostas a muitas questões. Nosso projeto educacional poderia tornar-se realidade, acreditávamos ter encontrado a melhor maneira de atuar numa escola de Educação Infantil.

Com a leitura cuidadosa das obras de Maria Montessori, além das observações colhidas em sala de aula, percebemos que várias modificações precisariam ser introduzidas para aperfeiçoar as práticas pedagógicas que estavam sendo realizadas. Ficou clara a necessidade de visitas a instituições, onde os fundamentos do sistema não fossem distorcidos.

Os maiores centros de estudos montessorianos ficavam na Europa. Foram realizados estágios em escolas londrinas e um curso de formação de professores, em Perugia, na Itália. Esse curso era ministrado anualmente pela Signorina Paolini, discípula de Maria Montessori. Entusiasta da proposta, tornou-se grande colaboradora e a sucedeu zelando pela fidelidade a suas idéias.

Havia, então, um grande desafio: montar classes e formar profissionais nos moldes dos de Perugia. Foi organizado o primeiro curso para professores. Em outubro de 75, conseguíamos, finalmente inaugurar o "Jardim Maria Montessori", divulgando o sistema em sua inteireza.

Sabíamos que, quer no Oriente (Japão, Índia, Paquistão), quer no Ocidente (Américas e Europa), o sistema montessoriano vinha sendo aplicado com sucesso. Montessori não estava ligada a nenhuma corrente psicológica: era médica e educadora. Que princípios de aprendizagem são respeitados nessa proposta que a tornam válida? Essa era uma questão muito importante para nosso trabalho, para nossa prática na escola.

Nos anos 60 e 70, o behaviorismo (inglês e americano) foi a teoria dominante, praticamente em todo mundo. Só era considerada uma psicologia científica o "comportamentalismo". Segundo ele, um estímulo provoca uma resposta; se houver um acerto, mesmo acidental, a resposta tenderá a se repetir e terminará por ser fixada. Foi nessa teoria que muitos se apoiaram para validar a aprendizagem, dentro do sistema Montessori.

Sem dúvida, certos tipos de aprendizagem podem ser explicados pelo esquema de Estímulos e Respostas, mas a generalização é indevida; é difícil associá-lo a um sistema que prioriza as descobertas. Com o material

A construção de um trabalho em uma escola de educação infantil

montessoriano (sobre o qual falaremos adiante), propõe-se um caminho, mas se permite que a criança encontre outras soluções e faça suas descobertas. Muitos materiais foram construídos e modificados a partir mesmo das colocações das próprias crianças.

Por outro lado, um estudo cuidadoso da Teoria do Desenvolvimento de Piaget foi nos dando subsídios para um repensar sobre o nosso método. Começamos a ver o quanto Piaget poderia nos levar ao enriquecimento do sistema que aplicávamos. À medida que líamos, encontrávamos pontos em comum entre o psicólogo e a educadora.

Montessori e Piaget

Quem primeiro nos chamou a atenção para a semelhança, em vários aspectos, entre Piaget e Montessori, foi Elkind, em seu livro sobre a aplicação da teoria de Piaget na sala de aula. Primeiro, ele aponta o conhecimento de ambos em biologia, que é a base das duas teorias de desenvolvimento. Piaget, muito cedo, mostrou interesse pelas ciências naturais. Aos 20 anos doutorava-se na Universidade de Neuchâtel, com uma tese sobre os moluscos de Valois. Foi a partir de seus estudos em biologia, que começou a suspeitar da dependência dos processos do pensamento, dos mecanismos de equilíbrio orgânico. Montessori era médica. Talvez em decorrência desse fato, seu método de investigação fosse basicamente o dos biólogos e especialmente o do grande naturalista Fabre. Standing (1971) citando as palavras de Montessori: "Fabre não levou os insetos a seu laboratório e fez experiências com eles, mas os deixou livres, em um meio ambiente que lhes convinha; e, sem que sua presença interferisse de modo algum em suas funções naturais e modo de vida dos insetos, observou-os pacientemente, até que lhe revelassem seus maravilhosos segredos". Foi também assim que ela procurou fazer. Percebendo que as escolas maternais não ofereciam um ambiente adequado às necessidades das crianças, procurou criá-lo. Ao mesmo tempo, com seu agudo poder de observação, estudou o comportamento da criança, nesse ambiente livre.

Elkind também chama a atenção para a concordância entre os dois numa questão chave: o papel da hereditariedade e do meio, no desenvolvimento. O meio é visto como provendo nutrição para o desenvolvimento de estruturas e habilidades, cujos padrões são colocados

Tramas criadoras na construção do "ser si mesmo"

pelos genes. O meio também determina certos conteúdos como linguagem, valores, que irão completar as complexas estruturas da capacidade intelectual.

Conta ainda que ambos tiveram tal empatia com as crianças, revelaram tal habilidade para descrever o pensamento e sentimentos delas, que seus trabalhos têm cunho de verdade, independente do suporte de um experimento controlador.

Montessori e Piaget compartilhavam a idéia do desenvolvimento, através de etapas qualitativamente diferentes, com características bem marcantes, seqüência definida, afetando todos os aspectos do pensamento da criança, mas com certa variação na idade em que ocorrem.

Os dois insistiram que, na fase pré-escolar, a verdadeira aprendizagem se dá através da manipulação física do ambiente, ao invés de uma audição passiva. Valorizaram uma atitude ativa, durante a construção do conhecimento.

Kamii, aluna e colaboradora de Piaget, lembra: "A ação física é crucial, não porque a manipulação como tal seja importante, mas porque a criança tem que pensar ativamente quando ela tem que produzir um resultado desejado" (Kamii, 1994).

"A idéia de Piaget que a exploração ativa e a manipulação dos objetos são os caminhos pelos quais a criança aprende, valida práticas usadas nas classes montessorianas há mais de 70 anos" (Chattin, 1976). Os materiais montessorianos permitem que a criança tenha o conhecimento físico da realidade exterior, discriminando cor, forma, dimensão, textura, som, peso, temperatura. Ao mesmo tempo, num processo criativo, constrói seu saber, estabelecendo relações como: comparação, classificação, seriação. Esses materiais devem respeitar alguns princípios, entre eles o isolamento de uma qualidade única. Isto significa que os elementos de um conjunto são todos iguais, exceto na qualidade variante. Assim, por exemplo, o material destinado a ensinar cores é formado por tabletes com o mesmo formato e com as mesmas dimensões, variando, apenas a cor. O que se destina a mostrar a relação entre unidade, dezena, centena e unidade de milhar é formado por pérolas douradas, agrupadas com fio metálico em dezenas, centenas e unidades de milhar; nele é a quantidade que varia. Uma versão desse material, feita em madeira, muito conhecida como "Material Dourado", é usado em várias escolas.

A construção de um trabalho em uma escola de educação infantil

Montessori planejou uma gradação de dificuldades em seus materiais, organizada de maneira que o conhecimento prévio fosse não só necessário, mas também aproveitado para a aquisição do novo. Na maioria deles há, em cada grupo de objetos, dois extremos: o "máximo" da série e o "mínimo". Esses dois extremos mostram ao aluno o mais destacado contraste possível. É essa relevância do contraste que assegura a primeira atenção da criança para com o material, antes de começar a trabalhar com ele. A ordem de apresentação deve sempre obedecer ao critério da dificuldade crescente, para que ela possa ir vencendo, passo a passo, as etapas e avançando cada vez mais, de uma maneira prazerosa e agradável.

Na sala montessoriana há, entre outros materiais, quatro caixas de cores. A primeira e a segunda caixas, contendo pares de tabletes coloridos, têm como finalidade a aprendizagem da nomenclatura das cores. Na terceira caixa, visa-se o conhecimento da gradação de tons, utilizando-se sete das cores já aprendidas. Finalmente, a quarta tem como objetivo formar, junto com a terceira, o círculo cromático. A professora, ao apresentar o material, segue pistas fornecidas pelo aluno, proporcionando-lhe desafios adequados. Dessa forma, favorece o alcance do sucesso com o mínimo de frustração. O avanço ou não da atividade está relacionado com o desempenho da criança, em função das estruturas que já construiu.

Piaget assegurou a necessidade de se respeitar as estruturas já formadas para preparar desafios adequados. Assim, a evolução do crescimento mental caminha numa equilibração progressiva passando de um estado de menor equilíbrio para um estado de equilíbrio superior. O que permite que isso ocorra?

Mais uma vez as respostas coincidem: Montessori e Piaget concordaram em que é com a atividade que a criança a constrói; seu progresso é resultado da ação que ela executou. Nesse sentido, toda educação deve ser pensada como uma auto-educação. Essa é uma das idéias centrais de nosso sistema: "E eis que uma verdade se impõe: a criança não é um ser vazio que nos deve tudo que sabe e de que a enchemos. Não, a criança é construtora do homem e não existe homem que não haja sido formado pela criança que um dia foi" (Montessori).

Sendo o material montessoriano destinado a auto-educação, não poderia deixar de ter o controle do erro nele mesmo. O próprio material informa à criança sobre o resultado de seu trabalho. Esse controle tem a finalidade de levar o aluno a trabalhar com maior atenção e dispensar a

49

Tramas criadoras na construção do "ser si mesmo"

intervenção do adulto. Qualquer falha se evidenciará facilmente, conduzindo à reflexão do seu erro e a procura de outra solução.

O erro é fundamental por funcionar como desafio para a resolução do problema. O importante não é que ele seja marcado e corrigido pelo professor. O que vale é ser observável pela criança, de modo que atue como estímulo para busca de novas alternativas. Segundo Montessori, o fato da própria criança verificar e poder corrigir seu erro é um passo para a autonomia: "A construção da autonomia é um processo que se dá ao longo da vida e depende da qualidade das experiências vividas por cada pessoa" (PCN, 1998). O sistema montessoriano propicia condições facilitadoras para que as crianças percorram o caminho de sua conquista.

O "ambiente preparado", como costumamos chamar nossa sala de aula, contribui para encorajar o agir de maneira ativa e autônoma: tudo é pensado e montado em função dessa proposta. O mobiliário é proporcional ao tamanho das crianças. As prateleiras estão repletas de materiais, prontos para que os apanhem e comecem a trabalhar. É indispensável que sejam mantidos sempre no mesmo lugar para que elas saibam onde encontrá-los. Da mesma forma, as pias e filtros de água estão numa altura que permitem às crianças deles fazerem uso, sem o auxílio do adulto. As mesas e cadeiras, leves e transportáveis, possibilitam que sejam colocadas, conforme seus interesses e suas necessidades. Hoje isso é relativamente comum, mas quando Montessori iniciou seu trabalho, não havia nas escolas sequer mesas e cadeiras de tamanho proporcional ao das crianças de Jardim da Infância.

Uma das atividades característica de uma casa montessoriana é a lição de linha. Há uma grande elipse, marcada no chão da sala, que serve de referencial para a colocação das cadeiras. Ali se reúnem alunos e professor para exercícios de equilíbrio, de silêncio (ouvir o silêncio), de relaxamento. A calma que traz é uma aquisição que acompanha a criança. Muitas vezes, ouvimos ex-alunos, já adultos, que nos contam o quanto os ajudavam, em situação de tensão, voltarem a pensar na tranqüilidade que encontravam na linha. É nela também que são feitos, desde os comentários do dia a dia, programação de atividades, leitura ou elaboração de histórias, até discutidas as regras combinadas, as infrações que ocorrem e que precisam ser conversadas em grupo. Parece-nos que essa prática é de valor incontestável já que, posteriormente, foi adotada por escolas com as mais diferentes propostas educacionais. É a chamada "roda".

A construção de um trabalho em uma escola de educação infantil

As reflexões sobre as convergências entre Montessori e Piaget nos deixavam mais seguras quanto ao caminho que escolhêramos. Percebíamos que, cada vez mais, atuávamos de acordo com o que Montessori esperava do professor. Transcrevendo David Elkind "Montessori foi uma firme defensora da posição que os professores devem ser em primeiro lugar e acima de tudo, observadores atentos das crianças. Acreditava que os professores têm que observar o modo como as crianças usam os materiais para obter pistas sobre a melhor maneira de apresentá-los. É importante enfatizar esse ponto porque alguns dos seguidores de Montessori tornaram de tal modo rígidas suas práticas de ensino, que às crianças só se consentia o uso de materiais de um modo prescrito. Isso é contrário ao espírito dos ensinamentos de Montessori que consistem em permitir às crianças que experimentem por sua própria conta e em obter pistas práticas de ensino, das explorações espontâneas das crianças. Isso não significa que não se deva dar uma direção à criança, mas tão somente que deve haver consciência de que, por vezes, essa direção virá da própria criança. Em sua ênfase sobre o professor como um observador, que pode aprender com as crianças, Montessori compartilha de um importante componente da psicologia educacional de Piaget" (Elkind, 1978).

O que tradicionalmente cabia ao professor, no nosso sistema, deixa-se à criança. O mestre não deve resolver as dificuldades em seu lugar, mas sim fazer com que cada uma tenha condição para superar os obstáculos que encontrar. Ele é a ligação vital entre o aluno e o ambiente preparado, desempenhando um papel de menor evidência, mas de muita importância. Deverá ser hábil para só interferir quando necessário. O princípio da "não intervenção" precisa ser sempre observado. Não significa, no entanto, que não se deva intervir nunca. É preciso tomar cuidado para agir no momento certo, ao notar que a criança precisa de ajuda.

Segundo Kamii, o foco do pensamento do professor deve estar localizado no pensamento que se desenvolve na criança. É através desse pensamento que ela constrói as estruturas mentais. A proposta de Montessori vai ao encontro dessa idéia, pois sempre orientou os professores a se preocuparem com a forma que a criança trabalha, com o material, seu aproveitamento, suas descobertas e até com o que ela ainda não consegue perceber. "O professor deve encorajar a criança a pensar ativa e autonomamente em todos os tipos de situações. A tarefa do professor é de encorajar o pensamento espontâneo da criança, o que é muito difícil porque a maioria de nós foi treinada para obter das crianças

Tramas criadoras na construção do "ser si mesmo"

a produção de respostas "certas" (Kamii, 1993). "Quando o aluno pensa ativamente na vida diária, pensa sobre muitas coisas ao mesmo tempo. As relações são criadas pelas crianças a partir de seu interior e não lhe são ensinadas por outra pessoa. O professor todavia, tem um papel fundamental na criação de um ambiente material e social que promova a autonomia e o pensamento" (Kamii, 1994).

Uma importante prática que adotamos, foi o maior uso dos jogos. Não como uma substituição, mas como um acréscimo. Passamos a usá-los, por exemplo, em aritmética. Muitas vezes, antes de apresentarmos à criança um novo material, propomos jogos que lhe permitam alcançar sucesso em seu trabalho com muita facilidade. Também os usamos como exercícios de fixação. Temos mais uma forma de avaliarmos o desenvolvimento das crianças, sua possibilidade de seguir regras, sua criatividade.

A leitura das obras de Piaget e de seus colaboradores, levou-nos a ter um novo olhar sobre o trabalho que realizávamos. Foi muito estimulante fazermos uma releitura das obras de Montessori, a partir dos estudos de Piaget. Constatamos , mais uma vez, o quanto a metodologia de Montessori levava a preservação dos valores em que acreditava. Isso nos faz pensar que talvez seu maior legado tenha sido sua filosofia.

"As atitudes, as normas e os valores que correspondem ao pensamento filosófico da escola referem-se aos aspectos que nos completam como seres humanos e que dão razão e sentido ao conhecimento", como aponta Lino de Macedo na introdução do livro de Coll (Psicologia e Currículo, 1996).

Essa forma de pensar é inseparável do sistema montessoriano. A prática coerente dos valores que se deseja passar para as crianças devem estar presentes nas relações interpessoais. Grande parte dos valores é transmitida pelas atitudes do grupo. Os princípios éticos acompanham todas nossas atividades, mesmo aquelas aparentemente sem importância.

A base da ética é o respeito mútuo. Esse fundamento alicerça toda prática escolar do sistema. A criança é respeitada em seu ritmo de trabalho, dentro do que tem condições de realizar. Respeitam-se suas escolhas: do lugar onde coloca sua mesa, do companheiro para fazer uma tarefa, do material com o qual pretende trabalhar. Não é uma permissividade desestruturante, é uma possibilidade, dentro dos limites

A construção de um trabalho em uma escola de educação infantil

já conhecidos pelo grupo. Assumir livremente uma escolha implica em obrigações: levar o trabalho até o fim, procurar solucionar as divergências e os conflitos de opiniões com tranqüilidade.

Em nossa escola, crianças são agrupadas verticalmente. Como se pode ler no Referencial Curricular Nacional para a Educação Infantil (1998): Os agrupamentos homogêneos estão mais relacionados a uma necessidade de trabalho do adulto do que às necessidades das crianças para quem um grupo heterogêneo oferece oportunidade de interações mais ricas.

Num clima de solidariedade, cooperação, afeto e segurança, o contato entre crianças de várias faixas etárias, com capacidades distintas é fundamental para uma aprendizagem de qualidade. Respeitam-se as idéias diferentes. Aprende-se nas trocas sociais entre companheiros com percepção de realidades diversas da sua. Todos são convidados a participar das atividades, o que cria um clima de grupo trabalhando junto, um aprendendo com o outro.

O ambiente social oferece ocasiões especiais para a construção de um pensamento no qual os mais e os menos experientes têm papel importante. As crianças fazem parte de um todo interdependente. Vivem num contexto de ajuda mútua, de cooperação, mas, ao mesmo tempo, cada qual é um ser único construindo-se e sendo autor de sua própria história. É capaz de se conduzir e lutar pelo que é seu, suas idéias, seus valores. É capaz de procurar e de descobrir seu caminho.

Todas essas considerações indicam bem a preocupação, nesse sistema, de não se privilegiar o "cognitivo" na educação, mas ligá-lo estreitamente ao "afetivo".

A interdependência, para Montessori, leva-nos à responsabilidade por todos e até pelo nosso planeta, indicando a necessidade de cuidarmos de nós e do que nos cerca. Essa é uma das razões pela qual se dá tanta importância às chamadas "Atividades de Vida Prática" e, dentre elas, estão os cuidados pessoais e com o ambiente. As crianças, mesmo as de 2 anos, aprendem regras básicas de higiene: lavar as mãos, lavar o rosto, escovar os dentes, pentear-se, usar o lenço, usar o banheiro de maneira correta.

A responsabilidade por algumas tarefas como a conservação da limpeza e ordem do ambiente, também é das crianças; acrescentam-se

Tramas criadoras na construção do "ser si mesmo"

ainda a manutenção dos materiais nos lugares, o cuidado com as plantas, com vasos de flores, com os animais.

Quando Montessori fala sobre responsabilidade em relação a nosso planeta, parece-nos um alerta para não permitirmos que o fator econômico nos guie na direção do uso pouco criterioso da natureza. Seu procedimento quando procurava orientar um estudo sobre os tipos de bordas de folhas, por exemplo, mostrava bem que mais importante do que o conhecimento é o respeito que se procura desenvolver, através do contato direto com as plantas, pelo ser vivo e pelo ambiente que nos cerca. Sugeria que as crianças fossem ao jardim da escola, apreciassem as plantas e escolhessem as folhas que mais lhes chamassem a atenção. Ao retornarem à sala, primeiro eram convidadas a contar as impressões registradas, para depois fazerem a classificação. Atualmente, não se pode apenas admirar e respeitar a natureza, mas temos que trabalhar com os alunos temas como: as implicações do excesso do lixo, a necessidade de sua reciclagem, de seu reaproveitamento como fonte de economia de nossos recursos naturais, da preservação desse planeta.

Uma intervenção psicopedagógica

Nesses 24 anos de existência, aqueles que têm feito parte de nossa equipe vêm procurando se atualizar, lendo, fazendo cursos, assistindo a palestras, estagiando em outras escolas, reavaliando sempre seu trabalho. Nunca se tratou, pois, de uma acomodação à tranqüilidade da rotina: é realmente uma "escolha" de cujo acerto vimos tendo confirmação. Ficavam para nós certas questões: estaríamos cuidando do desenvolvimento afetivo das crianças com a mesma atenção que dávamos aos aspectos cognitivos? Estaríamos conseguindo atender cada criança de acordo com suas necessidades afetivas específicas? Decifrando suas mensagens? Fazendo as intervenções no momento oportuno?

Não se tratava de aprofundar conhecimentos. Sentíamos necessidade de uma reavaliação de nossos próprios valores, de nossa postura profissional e de certa forma pessoal. Precisávamos de um assessoramento que nos ajudasse a redimensionar esse conteúdo à nossa prática. Essa tarefa foi assumida por Cristina Dias Allessandrini. Nunca ela havia tido contato com nosso grupo, foi quase uma intuição, o que nos levou a perceber termos encontrado a pessoa certa, para conduzir o trabalho de que necessitávamos.

A construção de um trabalho em uma escola de educação infantil

As transformações foram paulatinamente acontecendo.

Um assunto bastante importante foi o da ressignificação das regras. Sem dúvida elas são necessárias, mas não precisam ser inflexíveis. Discutimos regras e leis, a necessidade de firmeza e consistência, mas por outro lado, a possibilidade, muitas vezes, de uma negociação. Questionamos nossas posturas. Começamos a avaliar as situações de outra forma, e isso nos permitiu entender o porquê dos acontecimentos seguirem uma direção e não outra. Pensamos que muitas vezes poderíamos atuar com uma intervenção antecipatória, no sentido de termos condições para interferir, ajudando a resolver problemas, antes da eclosão de uma crise. Evitamos o "não pode" sem significado. Com essa nova atitude, percebemos as crianças mais receptivas, tolerantes, confiantes e cooperativas.

Outro ponto relevante desse trabalho psicopedagógico foi conseguirmos a substituição do enfoque de cadeia linear, de "causa e efeito", por modelos cíclicos, na avaliação das situações. Deixamos de procurar a "causa" de um problema, onde ele começou. Ali poderia estar simplesmente a resposta a uma dificuldade anterior. Passamos a ter uma visão mais abrangente, sem preocupação maior com "o que começou", mas vendo as dificuldades entrelaçadas dentro de uma situação total, onde as partes agem e interagem, influenciam-se e são influenciadas, cada qual podendo levar a mudanças no todo.

Junto às discussões, desenvolvemos atividades que promoveram um melhor ajustamento em nosso grupo. As vivências favoreceram a aceitação de limites em nós e nos outros e um maior aproveitamento das habilidades pessoais. Cada qual vinha dando sempre o melhor de si, mas faltava uma unidade. O entrosamento pode acontecer, gerando uma maneira mais coesa de atuar. Fizemos uma descoberta enriquecedora.

O trabalho em equipe foi fundamental, também, para que pudéssemos entender as dificuldades que as crianças podiam sentir nessa situação: aprender a se colocar, colaborar, perceber-se como parte integrante de um grupo, respeitar opiniões, aceitar limitações, acolher idéias.

Faz parte da proposta que estamos desenvolvendo, o auto-conhecimento. Nossa orientadora propôs avaliarmo-nos através de questionários ligados a estudos de Jung. Foi outro marco. Conseguimos

Tramas criadoras na construção do "ser si mesmo"

entender as diferentes maneiras de cada qual responder aos desafios, vendo o fato como característica pessoal, sem atribuirmos juízo de valor.

À medida que realizávamos essas vivências, tínhamos maiores condições de nos compreendermos e aceitarmos uns aos outros.

Foi de grande valia trabalharmos nossa criatividade e voltarmos nossa atenção para a amplitude que esse termo deve ter; é ela que nos permite proceder de maneira diferenciada em várias áreas, criando e reconhecendo novos caminhos.

Ao recuarmos três anos, ficamos surpresas com as mudanças que ocorreram: crescemos como pessoas e como profissionais. Era exatamente o que desejávamos. Tornou-se também muito claro, a importância de continuarmos com esse trabalho. Não é um círculo, é uma espiral; portanto, nunca se fecha. As transformações, as conquistas podem acontecer sempre desde que estejamos abertos para isso e que tenhamos a pessoa adequada para levar a tarefa avante.

Conclusão

Esperamos ter conseguido mostrar o caminho que nossa escola percorreu de 1975 a 1999, sempre buscando aperfeiçoar-se.

Conhecer bem a metodologia que se propõe usar, saber como aplicá-la, conhecer a filosofia da proposta, ter empatia pela criança, tudo isso, sem dúvida é muito importante, mas ainda não é o suficiente. A intervenção psicopedagógica que fizemos, deu outra dimensão a nosso trabalho. Crescemos como profissionais.

Foi muito importante, para nós, o encontro com Piaget. O sistema montessoriano não decorreu de alguma das correntes psicológicas da época, foi fruto do persistente trabalho de uma médica, que se tornou educadora. O fato de se encontrar, dentro da Psicologia de Piaget, princípios que pudessem, de alguma forma, embasar nossa prática educacional, levou-nos a dar maior peso a certos conteúdos do sistema.

Surpreendente como Montessori conseguiu destacar princípios fundamentais, dentro da educação do pré-escolar, numa época em que a

A construção de um trabalho em uma escola de educação infantil

educação formal só se iniciava aos 7 anos. Seu pioneirismo é marcante ao acreditar e poder realizar um programa educacional voltado para os primeiros anos de vida. Sua filosofia, traduzida em postulados como: respeito ao ritmo próprio de cada criança, livre escolha do trabalho, mostra um avanço enorme em relação ao pensamento da época.

Gostaríamos de transcrever algumas palavras de Standing, o mais conceituado biógrafo de Montessori, que com ela trabalhou por 35 anos. "O método não é um sistema fechado, descoberto de uma vez e para sempre, com a finalidade de ser aplicado rotineiramente. Continua crescendo como algo vivo, crescendo em profundidade, riqueza e variedade. Os que o estudaram há quarenta, vinte ou até dez anos, ficariam surpresos ao ver o quanto mais existe hoje do que havia antes. Isso não se refere à aplicação mais ampla de seus princípios, mas também quanto a profundidade desses mesmos princípios" (Standing 1971).

Durante 45 anos (1907-1952), Montessori se dedicou a aplicação e difusão de seu trabalho. Sua obra nunca foi rígida, cristalizada. Sua capacidade de observação, possibilitou enriquecê-la com dados recolhidos nas diversas culturas onde implantou seu sistema. Há um fio condutor que permite mudanças e a mantém como um organismo vivo. As constantes interações levam a transformações, as partes mudam, há reflexo no todo, mas há um alicerce que não permite a desestruturação.

Assim trabalhou Montessori e esse é o caminho que nossa escola pretende continuar seguindo.

Referências Bibliográficas

CHATTIN, Mc NICHOLAS, JOHN. *The Montessori Controversy,* Delmar Publishers Inc, Seattle University, 1992.

COLL, C. *Psicologia e Currículo,* Ática, São Paulo, 1996.

ELKIND, D. *Desenvolvimento e Educação da Criança* – aplicação de Piaget na sala de aula, Zahar Editores, 2a. edição, Rio de Janeiro,1978.

KAMII, CONSTANCE E DECLARK, GEORGIA. *Reinventando a Aritmética* – Implicações da Teoria de Piaget, Papirus, 8a. edição, Campinas, SP, 1994.

KAMII, CONSTANCE E LIVINGSTON, SALLY J. *Desvendando a Aritmética* – Implicações da Teoria de Piaget, Papirus, Campinas, SP, 1995.

KAMII, C. *A Criança e o número,* Papirus, 17a. edição, Campinas, SP, 1993.

LAGÔA, V. *Estudo do Sistema Montessori – Fundamentado na Análise Experimental do Comportamento",* Edições Loyola, São Paulo, 1981.

LA TAILLE, Y. *Piaget, Vygotsky, Wallon – Teorias Psicogenéticas em discussão/* Yves de La Taille, Marta Kohl de Oliveira, Heloysa Dantas, 5a. edição, São Paulo, Summus, 1992.

MONTESSORI, M. *A Criança,* Portugália Editora (Brasil), Rio de Janeiro, s.d.

_____ *Mente Absorvente.* Internacional Portugália Editora, 2a. edição, Rio de Janeiro, s.d.

_____ *The child, society and the world: unpublished speeches and writings* (The clio Montessori series), Oxford, England, Clio Press Ltd., 1989.

_____ *To educate the human potencial*(The clio Montessori series), Oxford, England, Clio Press Ltd., 1989.

_____ *What you should know about your child* (The clio Montessori series), Oxford, England, Clio Press Ltd, 1989.

PIAGET, J. *Seis Estudos de Psicologia*, Forense Universitária, 6a. edição, Rio de Janeiro, 1973.

_____ *A formação do Símbolo na Criança.* Editora Guanabara Koogan S.A., 3a. edição, Rio de Janeiro, 1978.

_____ *Para onde vai a educação?* Livraria José Olympio Editora, 7a. edição, Rio de Janeiro, 1980.

PIAGET, JEAN E INHELDER, B. *A Psicologia da Criança*, Bertrand Brasil, 13a. edição, Rio de Janeiro, 1994.

STANDING, E.M. *The Montessori Revolution in Education*, Schocken book, New York, 1971.

MEC. *Referencial Curricular Nacional Para a Educação Infantil,* Documento introdutório. Versão Preliminar, Brasília, 1998.

Metáfora e metonímia: figuras de linguagem como possibilidade de ação do pensar

4

SANDRA MEIRE DE OLIVEIRA RESENDE ARANTES

Tendo como base minha experiência enquanto docente em Língua Portuguesa no Ensino Fundamental e no Ensino Médio, meu trabalho com educadores em cursos e palestras em Instituições Escolares, bem como os atendimentos psicopedagógicos clínico e institucional, tenho notado o quanto as fraturas lingüísticas são as grandes preocupações dos profissionais, nas diferentes áreas educacionais.

Partindo de uma percepção particular, venho desenvolvendo uma vertente dentro da intervenção psicopedagógica que pontue a linguagem, a língua que age, em suas variações, a fim de possibilitar o minimizar e até mesmo o eliminar de algumas dificuldades na aprendizagem.

Muitos profissionais, por não conhecerem e/ou não se utilizarem das diferentes linguagens na relação ensino-aprendizagem, favorecem ao bloqueio do indivíduo e mesmo ao aparecimento de dificuldades simples que, muitas vezes, transformam-se em distúrbios no ato de aprender.

É um olhar...! Uma possibilidade que aqui tento tornar proposta! Proponho, então, possibilidades! Possibilidades que podem "prismar" a ação: uma possível ação! Esse olhar, num primeiro momento, foca a percepção. A percepção enquanto base para um trabalho estruturado, focando o "mundo perceptivo". Esse "mundo" que não é a soma de objetos em nossa consciência e nossa relação com ele não é a de um pensador com um objeto de pensamento; nem o percebido não é comparável a um todo organizado como um teorema; nem a existência percebida a existência ideal. A percepção é uma modalidade da consciência.

Tramas criadoras na construção do "ser si mesmo"

A percepção não pode ser concebida como matéria e forma, bem como o sujeito que percebe não pode ser concebido como consciência interpretante, decifradora ou ordenadora de uma matéria sensível. Toda percepção tem um lugar no mundo, assim como a matéria também o tem. Ambas se presenteiam praticamente no conhecer "do" e "no" mundo. Essa presentidade se faz na relação orgânica entre o sujeito perceptor e o mundo, com o mundo.

Sendo assim, concordo com Merleau-Ponty quando ele diz que *"toda consciência é consciência perceptiva, mesmo a consciência de nós mesmos"* (1990, p. 42). Pois o mundo que o ser percebe é pano de fundo para a racionalidade, o valor e a existência desse mesmo ser.

Ao perceber um objeto, seja ele de que natureza for, o sujeito o tem em existência real. A percepção do objeto será presentificada em sua consciência de um modo particular, peculiar a cada ser.

Qual o significado desse "filosofar" sobre a percepção? E até que ponto ele tornar-se-á significativo para a intervenção de um psicopedagogo ou de outro profissional da educação?

Acredito que é através dessas observações sobre a circunstância do percebido que o sujeito, em relação com o outro, poderá aprender a ver melhor "aquilo" que lhe presenteia. Ao perceber os signos, o indivíduo estará delimitando certos aspectos perceptivos desse mesmo signo, fazendo sínteses perceptivas, na composição do percebido. *"Esse sujeito que assume um ponto de vista é meu corpo como campo perceptivo e prático"* (Ibid., p.47).

Tanto o psicopedagogo quanto outros profissionais da área da educação têm como seus objetos a Relação Ensino-Aprendizagem; logo, eles têm de ter um "sentir" diferenciado, uma percepção que deve ser compreendida como referência a um todo que, por princípio, só é apreensível através de certas partes e aspectos seus. "Aquilo" que é percebido é uma totalidade aberta, um prisma, um infinito de perspectivas que se recortam, segundo certas leis, as quais definem "aquilo" do qual se tratará.

A percepção e o signo percebido carregam o paradoxo em suas essências: o paradoxo da imanência e da transcendência. Imanência no sentido de que "o quê" se percebe não poderia ser estranho àquele que percebe; transcendência no sentido de que sempre há um além, um signo

Metáfora e metonímia: figuras de linguagem ....

indicial, um sinal apontando para "o quê" é imediatamente dado como percebido. Saber lidar com essa presença ou essa ausência é um desafio que gratifica "a" e "na" ação.

O mundo é a base perceptiva do ser. Só é possível pensar "ele", porque é experienciado. É "com" e "através" dele que o sujeito poderá dar sentido a tudo, a todas as coisas contidas e a conter nesse mundo.

O mundo se mostra para o sujeito. O mundo vai sendo experienciado "pelo" e "no" sujeito. As experiências do sujeito se (inter)ligam às experiências que outros sujeitos têm de um mesmo objeto. As percepções se multiplicam, ampliam-se no ser.

Uma mesma situação é vivida por diferentes sujeitos. Esses diferentes sujeitos têm diferentes percepções dessa situação. Essas diferentes situações geram diferentes signos que, ao se entrelaçarem com outros signos já assimilados pelo indivíduo, vão gerar uma rede de outros signos, categorias de signos, interpretantes sígnicos. Quais são esses signos-percepções? O que fazer com essa rede significante? Até que ponto irão servir, auxiliar, prejudicar ou bloquear o processo de ensino-aprendizagem?

É de posse dessas observações do perceber que o profissional poderá atuar com mais consciência em seu trabalho. É de posse de suas percepções, enquanto "perceptor", que o profissional construir-se-á como tal.

Para tanto, é preciso pensar o percebido. É preciso pensar "a" e "na" percepção. É preciso filosofar, ou seja, trazer a percepção à luz da inteligência do ser, para que ele possa ser. "*A percepção nos dá um logos em um estado nascente, ela nos ensina, fora de todo dogmatismo, as verdadeiras condições da própria objetividade; ela nos recorda as tarefas do conhecimento e da ação*" (Ibid., p. 63).

A fim de ampliar um pouco mais esse filosofar, proponho um refletir sobre a seguinte citação de Charles S. Peirce: "*Um homem denota aquilo que seja objeto de sua atenção num dado momento; conota tudo o que sabe ou sente a respeito desse objeto e é a encarnação desta forma ou espécie inteligível; seu interpretante é a recordação futura desta cognição, seu ego futuro, ou outra pessoa a que ele se dirija, ou uma sentença que escreva, ou um filho que tenha*" (1977, p. 309).

Tramas criadoras na construção do "ser si mesmo"

Há muito o que refletir nesse pensamento; no entanto, pontuarei o que considero relevante para o momento. Inicio por verificar algumas palavras: denota, conota, inteligível, interpretante, cognição. A partir delas, podemos pensar a ação de um profissional na Relação Ensino-Aprendizagem. Percebendo a significação dessas palavras com a mensagem interpretada da citação, coloco algumas questões:

1. Até que ponto conteúdos denotados pelo sujeito têm conotações significativas para ele?

2. Até que ponto nós como psicopedagogos, profissionais da educação temos sido interpretantes significativos no nosso agir com o sujeito com o qual nos relacionamos?

3. Até que ponto esse agir tem se tornado cognição "no" e " para" o nosso interpretante?

4. Até que ponto?

Eis a percepção afetada por um objeto. Percebendo-se, pode-se transformar a percepção em informação. Dar forma à ação. No caso das palavras, meu objeto de observação em questão, elas nada significarão senão aquilo que algum ser as fizer significar.

A percepção, a consciência das suas significações levarão o profissional a dar sentidos e significados à palavra, à linguagem, à língua e ao próprio usuário dela como ser que se educa nessa relação; nessa real ação. *"Ele pode conhecer sua própria significação essencial; de seu olho é seu olhar"* (ibid., p.309).

Trazer à consciência, perceber, saber e saber-se (n)essa prática dialógica e conhecer essas inter-influências como signos que são e que irão auxiliar o profissional "na" e "para" a construção da língua que age em linguagem nele mesmo e em seu outro (aprendiz, paciente, grupo etc.): Eis o fundamental! A construção do Saber/Linguagem sob esse prisma torna-se uma Arte, na medida em que emissor e receptor assumem-se como co-criadores dela, nela mesma. Apagam-se os limites entre emissor e receptor e cria-se o todo da comunicação. O significado passa a ser duplo, ambíguo no sentido de ser desvendado em seus signos/ significados, de acordo com as possibilidades lúdicas atualizadas em sua "com-posição". O encontro dos contextos para a leitura e escritura do contexto-língua(gem) se fará na ação metalingüística. A linguagem

Metáfora e metonímia: figuras de linguagem ...

vai se produzindo sob diferentes paradigmas, construindo diferentes sintagmas, articulando signos novos.

Essa ação metalingüística não se resume apenas no assumirem-se como co-criadores de linguagens, como agente e paciente "da" e "na" linguagem que se faz língua, mas sim num trabalho constante de leitura das escrituras produzidas. Dentro do contexto psicopedagógico clínico, por exemplo, poder-se-á enfocar essa ação no cliente, pois é ele e a partir dele que a metalinguagem "do" e "no" paciente se fará. Reler as escrituras produzidas, (a)colher os signos indiciais que se presenteiam nessa leitura para planejar a próxima escrita, a próxima sessão-escritura. Eis a constância na ação profissional. *"A leitura (se)escreve e (se) lê a si própria, (se) marca e (se) demarca na ausência de todo referente interpretativo a não ser a sua própria prática de leitura, prática geradora e nutritiva de linguagem"* (ibid., p.81).

Acredito que trabalhar metalingüisticamente é trabalhar com os significados, com os significantes dos signos em ação. A partir do instante em que o homem é um animal simbólico, ele executa a todo momento a metalinguagem, pois há uma meta-história, uma metamúsica, um metacinema, um metatexto, um "meta-etc.". Creio que é no movimentar das palavras, no trabalhar com elas que a germinação metalingüística ocorre, tematiza-se, fala sobre o próprio código, estrutura-se na fala, no uso e na demonstração desse próprio código.

Nesse contexto, psicopedagogo e paciente, educador e educando serão capazes de apontar as relações de significação que estão em ação na língua(gem), desvelando-as. Serão capazes de construir linguagem da linguagem; inventar a intimidade com a língua/objeto, "con-fundirem"-se com ela; recortar esse objeto em momentos semânticos, sintáticos, morfológicos, estilísticos e produzir outro objeto desse objeto recortado no todo. Isso é metalinguagem. Os críticos e os criadores dialogam, nessas metonímias sígnicas, na grande metáfora, meta fora e dentro que é o ser-texto, o ser-língua, o ser-linguagem.

Oficina dos signos: o inter-curso dos sentidos

O trabalho com a linguagem possibilita o despertar dos sentidos latentes nela. É essa possibilidade que o profissional deve conhecer em

Tramas criadoras na construção do "ser si mesmo"

seu fazer. É nessa possibilidade que o profissional deve fazer-se "o" e "no" seu fazer. No entanto, os sentidos tendem a ficar especializados e adormecidos, pois representam-se por meio de sugestões e alusões.

Faz-se necessário um trabalho intersemiótico: ao se trabalhar diferentes sistemas de signos, tornam-se relevantes as relações entre os sentidos, meios e códigos, pois os homens se comunicam através dos sentidos.

Segundo Júlio Plaza (1987), três são os sentidos humanos que são geradores de extensões capazes de prolongar e ampliar a função de cada um desses sentidos em meios produtores de sistemas de linguagem: o visual, o tátil e o auditivo. Cada um deles capta o real de forma diferenciada e as linguagens abstraem ainda mais esse mesmo real. Não há reflexo direto entre o real e a representação que dele se faz. Eis a percepção: a incompletude da percepção em relação ao real gera a inevitável incompletude do signo.

Por que não se trabalhar essa incompletude ao máximo? Por que não se articular esses sentidos para uma percepção de mundo mais extensa "no" e "para" o ser? Por que não se trabalhar com as diferentes linguagens geradas, a partir desses signos interpretantes, emanadas pelos sentidos? Por que não articular esses signos/linguagens germinados?

Dos sentidos: o olho

A percepção visual atua recebendo informações sob a forma de textos, imagens, cores em termos de "imagens mentais". Quando se organiza o signo, organiza-se a construção do olhar. Logo, o olho não é somente um receptor passivo, mas um formador de olhares, formador de objetos da percepção.

O canal visual é um receptor à distância, tende a se isolar dos demais sentidos, produzindo assepsias e organizando o mundo, o tempo e o espaço de modo uniforme, criando o poder do distanciamento e não do envolvimento.

Tal canal tende a uma cognição totalizadora do mundo visual fragmentado, ou seja, ao se olhar o mundo, exercita-se constantemente a metonimização das experiências visuais, pois aspectos únicos de espaço

Metáfora e metonímia: figuras de linguagem ....

são percebidos em momentos breves de tempo: flagra-se os momentos no tempo. Na memória, o mosaico se forma e se tem a sensação de espaço contínuo e uniforme.

Dos sentidos: o tato

Pode-se dizer que, culturalmente, o sentido visual é o dominante. No entanto, parece ser o tato o sentido original, a partir do qual os demais foram diferenciados. O tato e o contato vêm confirmar a realidade que se vê.

Dessa forma, olho e tato se contêm mutuamente, pois o complexo mundo percebido pelo canal visual, amplia as experiências espaciais interligadas ao sentido tátil. As impressões sensoriais se reforçam nessa relação.

O sentido visual tende a homogeneizar um campo, a vê-lo de forma contínua e unificada, ocupado e preenchido pelos objetos; a percepção se faz pelo cheio. Por outro lado, o tátil faz com que o sujeito perceba as diferenças por contraste e proximidade: a experiência é acentuada pelo intervalo entre os objetos. Para o tato o momento é único, seu significado está no intervalo. Para o visual o significado está na conexão.

Dos sentidos: o acústico

A experiência do sentido acústico é bem diferente da dos outros sentidos descritos. Para falar sobre ele é interessante que se faça um breve paralelismo diferencial entre esses três sentidos:

a)os sinais acústicos são sucessivos e dão-se no tempo (a exemplo, a música e a fala); já os sinais táteis e os visuais dão-se pela simultaneidade, no espaço.

b)o auditivo é ambíguo, suscitando imagens acústicas dos signos, correspondendo a uma qualidade analógica em nossa mente interpretante; o canal visual é unívoco.

c)o canal auditivo tem dificuldade em escolher sua fonte de informação, diferente do visual que pode fazê-lo, podendo até mesmo eliminar informações de seu campo.

Tramas criadoras na construção do "ser si mesmo"

O que pretendo com esse discurso, embasado nos conceitos apontados por Júlio Ploza (1987), sobre os sentidos é enfocar que nós, profissionais, podemos e devemos tomar consciência de que lidamos com tais sentidos, em nós mesmos e "com" e "no" nosso outro. Conhecer esses canais se faz necessário em nosso trabalho, pois é a partir desse conhecimento e do explorar/articular desses sentidos em nosso fazer que haverá a possibilidade de uma aprendizagem eficaz por parte de nosso cliente, com relação ao uso da língua(gem) como um todo e não apenas como partes em conexão.

Se pensarmos especificamente no contexto das Instituições Educacionais, verificaremos que, com esse foco nas atividades propostas, encontramo-nos com os Objetivos Gerais de Ensino dos Parâmetros Curriculares Nacionais, onde, em um dos objetivos, há a indicação de que o aluno deve ser capaz de: *utilizar as diferentes linguagens – verbal, matemática, gráfica, plástica e corporal – como meio para produzir, expressar e comunicar suas idéias, interpretar e usufruir das produções culturais, em contextos públicos e privados, atendendo a diferentes intenções e situações de comunicação (1997).*

Observar esses canais. Analisá-los. Explorá-los através de atividades que os pontuem é fator relevante na tarefa de promover a aprendizagem enquanto signo em rotação, em articulação, em ampliação.

Oficina dos signos: duas possibilidades do pensar

Até o momento, venho pincelando sobre a língua que age em linguagem, sobre a percepção e sobre os sentidos perceptivos. Mas o que todo esse discurso tem a ver com as figuras de linguagem: metáfora e metonímia? E o que elas têm a ver com "uma possibilidade do pensar"?

De forma sutil, já venho pontuando essas figuras como características em alguns pontos de minha escrita. No entanto, nada que pudesse fundamentar com clareza a proposta desse refletir, bem delimitada a partir do próprio título do mesmo. A fim de iniciar esse possível clarear, partirei da tentativa de responder às questões que coloco acima, retomando as minhas experiências primeiras como professora de Língua Portuguesa que fui, durante alguns anos, bem como o meu trabalho psicopedagógico clínico e institucional (com grupos de educadores e grupos de alunos).

Metáfora e metonímia: figuras de linguagem ...

Quando eu ministrava aulas de Língua Portuguesa no Ensino Fundamental (5ª a 8ª séries) e no Ensino Médio, percebia a dificuldade dos alunos em articular idéias e conceitos nas diferentes disciplinas, além da minha. A dificuldade se configurava em comparar e em relacionar idéias e conceitos.

A mesma dificuldade eu perceberia mais tarde no trabalho com os educadores. Tinham (e têm) em seus discursos a Interdisciplinaridade como essencial para um bom trabalho institucional; no entanto, ao mesmo tempo que propõem, não a realizam em função da argumentação que devem estar atentos aos conteúdos, os quais devem ser seguidos em suas disciplinas. Tal argumentação é muito lógica como aquilo que se apresenta enquanto figura, mas que traz como pano de fundo questões a serem trabalhadas enquanto essência na ação educacional: até que ponto sabe-se comparar, retirar as essências dos conteúdos e relacioná-los entre si e/ ou com outras disciplinas da grade curricular? Até que ponto sabe-se fazer para que se possa ensinar?

Diante disso, tornei-me objeto de estudo de mim mesma, pois recordava que quando ministrava aulas, sempre me associava aos projetos dos professores de Educação Artística, Educação Musical, História, Ciências e, muitas vezes, timidamente, aos de Matemática. Os projetos eram sempre "malucos" (termo usado pelos alunos e até mesmo por alguns coordenadores), mas funcionavam: os alunos conseguiam apre(e)nder se não todo, boa parte dos conteúdos e de um ano para o outro, fixavam, retinham a essência do "maluco" na disciplina e quando eu acionava a alavanca de memória, o conteúdo saltava, associado a este ou àquele projeto "maluco".

Por que dava certo? O quê ou como eu fazia para que desse certo?

A primeira resposta era porque eu trabalhava com o lúdico na possibilidade da interdisciplinaridade. Logo, o lúdico associado ao não convencional das aulas de Língua Portuguesa geravam o prazer: o prazer da bagunça, da relação entre os grupos, entre os alunos, entre os professores, o mexer com a organização da escola, o movimentar-se pelo espaço físico da mesma, o experienciar do conteúdo sobre um outro prisma.

Mas era apenas isso? Não ... Construo uma segunda resposta: eu acreditava "naquilo". Eu também sentia prazer "em" e "com" todo aquele movimento dialógico. Eu era toda aquela gestalt!

69

Tramas criadoras na construção do "ser si mesmo"

Mas só? Não ... Resgato da segunda resposta a terceira: eu era toda aquela gestalt!: minha estrutura interna e de ação externa para que todos aqueles projetos dessem certo deveriam ser: organizadas; articuladas ao todo as partes; planejadas; operacionalizadas; sintetizadas; comparadas; relacionadas; abstraídas; imaginadas e concretizadas.

Eu lidava em mim com as operações mentais que eu deveria desenvolver e ajudar a "construir" "com" e "em" meus alunos. Elas eram em mim e, por isso, eram neles!

A consciência desses processo eu a tinha parcialmente naquela ocasião e vim a aprimorá-la em decorrência dos cursos que realizei, com os quais pude (e ainda o faço, em meu trabalho como psicopedagoga) resgatar e lapidar tal consciência perceptiva.

Hoje percebo que, naqueles meus momentos em sala de aula, eu praticava, intuitivamente, alguns conceitos dos Temas Transversais: a Interdisciplinaridade e a Transversalidade. Atualmente, os profissionais de diferentes formações ligados à educação têm mais acesso a esses Temas dos Parâmetros Curriculares Nacionais, em função da divulgação, estudo e propostas a serem realizadas nas Instituições.

Tais propostas, de Transversalidade e de Interdisciplinaridade, na prática pedagógica, são de extrema importância, pois alimentam-se mutuamente, expondo a inter-relação entre os objetos de conhecimento, promovendo uma percepção mais abrangente do sujeito frente ao saber, abrindo espaço para a inclusão de outros saberes tanto no contexto escolar, quanto no "contexto-vida" do indivíduo, possibilitando significados para a pessoa, na relação ampla e infinita entre Ensino e Aprendizagem.

Não é meu intuito discorrer sobre os Temas Transversais, mas é uma maneira de olhar interessante de ser focada, no desenvolvimento das diferentes propostas de trabalho! Vale a pena pensar sobre!

Quando iniciei o meu trabalho institucional com o grupo de professores, o meu objetivo com o projeto com eles era justamente este: o de trazer à consciência dos participantes do grupo o seu próprio processo; o resgatar de sua estrutura de ação; os seus mecanismos de ação saudáveis ou não que poderiam ser instrumentos positivos, na relação ensino-aprendizagem; e, num contexto mais específico, um focar nos Temas Transversais . Como possibilitar no indivíduo, a partir desse conhecimento, ajustamentos criativos? E como auxiliar o aprendiz, nesse mesmo processo, dando significado a si mesmos e ao ato de aprender?

Metáfora e metonímia: figuras de linguagem ...

Não trabalho com os professores, nesses grupos, com conteúdos, mas com estruturas operacionais. Em que consistem tais estruturas? Basicamente no pensar: no pensar que se estrutura, às vezes, sob a forma metonímica; às vezes, sob a forma metafórica, exprimindo-se através das operações mentais (comparar, relacionar, sintetizar, seriar, classificar etc.).

Para explicar essas duas formas que proponho do pensar, retomarei os conceitos básicos – e até mesmo clássicos da retórica – dessas duas figuras de linguagem, a fim de poder resgatá-las enquanto "possibilidades de ação do pensar". Tais conceitos foram fundamentados sob a visão lingüística. Não ignoro as visões das escolas surrealista e lacaniana sobre os conceitos de metáfora e metonímia; percebo, inclusive, que poderíamos ampliar nosso estudo com tais pareceres. No entanto, não é esse o propósito. Fiz a opção pela visão lingüística pelo fato de estar focando a palavra num contexto pedagógico.

Sobre a Metáfora e a Metonímia:

Dois são os mecanismos básicos da alteração do sentido das palavras: a metáfora e a metonímia. Alguns autores chamam essas figuras não de figuras de palavras, mas de recursos retóricos, pois alteram o sentido do termo.

A metáfora: é uma intersecção de sentidos, através de uma comparação implícita. A metáfora traz, em sua essência, a comparação. Trabalha sob o eixo da similaridade, articulando imagens mentais.

Exemplo de comparação: você é como uma flor!

Nessa oração, temos dois termos sendo comparados explicitamente – "você" e "uma flor" – unidos pelo conectivo "como".

Exemplo de metáfora: você é uma flor!

Nessa oração, temos dois termos sendo comparados implicitamente – "você" e "uma flor" – não sendo os mesmos unidos por qualquer partícula conectiva. Outro exemplo de metáfora: A urbanização de São Paulo está sendo feita de maneira criminosa, destruindo os *pulmões* da cidade.

Tramas criadoras na construção do "ser si mesmo"

A metonímia: é uma implicação, inclusão de sentidos, reduzindo-se a estrutura sintática da oração. A metonímia traz em sua essência a síntese, no sentido de buscar a essência de algo, através de certos critérios. Trabalha sob o eixo da contiguidade.

Existem vários tipos de metonímias; no entanto, acho relevante, a título de ilustração e de compreensão dessa figura, o elencar de alguns:

a) a parte pelo todo: Maria completa hoje dezenove *primaveras*!

b) a matéria pelo objeto: Lento, o *bronze* soa...

c) o autor pela obra: Gosto de ler *Fernando Pessoa*!.

d) o lugar pelo produto: Fumei um saboroso *havana*.

e) o continente pelo conteúdo: Quantos *copos* você bebeu?

f) o instrumento pela pessoa que o utiliza: Sempre fui *um bom garfo!*

g) o singular pelo plural: O *brasileiro* é sempre gentil e hospitaleiro.

h) o abstrato pelo concreto: A *mocidade* é entusiasta.

Foi a partir dessas figuras, sob o eixo da similaridade e da contiguidade, que pude iniciar minha argumentação de que podemos resgatar duas formas básicas para o pensar: o pensamento metafórico e pensamento metonímico.

Diante das atividades que construo, envolvendo essas formas de pensar, pude perceber que o pensamento metafórico constrói e reestrutura as seguintes operações mentais: a comparação (o relacionar das diferenças e semelhanças); a observação (o desenvolvimento do ato de perceber); a interpretação (atribuir e negar sentidos, dando significados sob vários prismas); a transferência (aplicação do aprendido a situações e contextos novos); a implicação (o complementar de idéias implícitas nas informações).

Já o pensamento metonímico constrói e reestrutura as seguintes operações mentais: a síntese (no sentido de resumir, buscar a essência das coisas, através de critérios); a síntese (na redução das construções verbais e não-verbais); a observação (no ato de centrar); a classificação (categorização na busca de identidade de algo); a crítica (avaliação

Metáfora e metonímia: figuras de linguagem ....

segundo alguns critérios); a composição e a organização (planejamento e resgate de partes e todo); a seriação.

A fim de exemplificar tais pensamentos, as atividades que coloco a seguir são tanto verbais quanto não-verbais, envolvendo diferentes tipos de linguagens como estratégias e recursos. É evidente que tais estruturas não se processam no indivíduo separadamente; elas foram aqui divididas didaticamente com o objetivo de exemplificar e clarear a argumentação que proponho.

Durante as sessões de psicopedagogia, diante da necessidade de cada paciente, procuro focar, no entanto, ora um, ora outro tipo de pensamento em cada tema que surge, embasando as proposta, com o intuito de ir, aos poucos, resgatando estruturas e integrando as mesmas ao amadurecimento das informações e conceitos do indivíduo.

Acredito que é no resgatar, no desenvolver, no construir e no estruturar de tais formas do pensar, que o sujeito poderá ser e se sentir capaz, nas diferentes áreas do conhecimento, pois suas estruturas básicas do pensar estarão sendo fortalecidas. Assim, ajustamentos criativos poderão ser feitos pelo indivíduo nas diferentes situações experienciadas por ele; possibilitando diferentes formas de "olhar" qualquer fenômeno que a ele se apresente.

Ao articularmos imagens verbais e não-verbais, articulamos linguagens. Ao articularmos linguagens, articulamos símbolos. Nesse contexto que venho expondo até então, estamos trabalhando com os símbolos na cognição: símbolos que expressam e significam "para" e "na" mente interpretante de um ser.

Creio que se nós, profissionais, tivermos consciência de nossa própria estrutura e mecanismos internos de ação e soubermos usá-los em nosso fazer diário, com certeza poderemos ser facilitadores no desenvolvimento dos processos daqueles com os quais trabalhamos; e, ao mesmo tempo, se soubermos focar cada momento de nossa ação com o outro com consciência e com responsabilidade, muito poderemos auxiliar aqueles que nos procuram.

A proposta que aqui lanço com relação ao pensamento metafórico e ao pensamento metonímico é uma possibilidade desse focar, dentro de uma faceta do cognitivo, para um possível fazer, por exemplo,

Tramas criadoras na construção do "ser si mesmo"

psicopedagógico. São ensaios que foram experienciados por mim, pelos grupos e sujeitos com os quais trabalho. São possibilidades que desvelaram boas gestalts; desvendaram olhares; desataram amarras de aprendizagem; aguçaram percepções; operacionalizaram o ato criativo; relativizaram contatos, contatos com o eu, contatos com o outro; amadureceram conceitos que foram apropriados pelo ser, tornando-se conhecimento. São ensaios! Ensaios que possibilitam a valorização de Ser, não apenas de Estar de alguns seres!

Oficina dos signos: possibilidades na ação

A fim de resgatar a práxis das idéias até aqui apontadas, escolhi duas atividades que julgo serem interessantes e as compartilho. Descreverei e farei algumas pontuações nas mesmas. Tais atividades foram vivenciadas por mim, em Oficinas Criativas e, posteriormente, em sessões de atendimentos psicopedagógicos, com os grupos e indivíduos com os quais trabalho... O texto que trago como exemplificação, em uma das atividades, é de minha autoria, pois neste fazer, a produção tem o intuito de exemplificar uma argumentação e não de executar um estudo de um possível caso.

Atividade I

Material:
– papel canson A3;
– lápis de cor ou giz de cera;
– lápis grafite;

Proposta: etapas:

a) Ao fundo, uma música instrumental suave. Sentados no chão, em almofadas ou ao redor de uma mesa, o facilitador sugere que os indivíduos se centrem na música e em suas respirações, a fim de se encontrarem relaxados e envolvidos para a atividade.

b) Ao se sentirem prontos, utilizando os materiais expostos pelo facilitador, iniciar uma produção não-verbal, ou seja, um desenho.

Metáfora e metonímia: figuras de linguagem ....

c) Ao término do desenho, observar sua produção e torná-la um personagem; introduzi-la em um lugar e em uma situação.

d) Produzir um texto com tais elementos.

Exemplo de um texto produzido neste tipo de atividade:

.?...!

Num tempo sem tempo...,
Num espaço (in)definido...,
Num lugar (in)determinado...,
Talvez um bosque..., talvez uma sala..., talvez um (in)finito...
Surgem seres... de todos os tempos e espaços...
Aproximam-se, tocados pelo olhar do encontro que se permitiram fazer,
em sintonias de prazer,
sem o dizer.

Nesse tempo/espaço estão próximos,
mas não unidos!
Começam a percorrer o (in)finito espaço que se presenteia a cada um em
forma e cores. Sem o saber, cada um,
em seu tempo/espaço,
acha,
(des)cobre,
toca e
segura um fio dourado.
"Que interessante...!!!" – pensam alguns.
– De onde vem? Sussurram outros.
Todos tocam.
Todos pegam.
Todos guardam o tesouro-fio-dourado...
Mas ele não se permite guardar,
apenas tocar
e unir-se ao ser,
apenas por uma das pontas;
a outra,
por desejo (dele?),
deve,
fica,
está solta!!!...!!!

Tramas criadoras na construção do "ser si mesmo"

Os seres integrados, felizes e ligados caminham em uma direção sem
rumo aparente,
nas aparências lógicas de um tempo.
Mas esse é um tempo/espaço que se faz por/em vidas,
que se move e se trans-forma na ação de ser,
do e no ser.
Caminham, segurando seus fios.

Os fios-desejosos ora se deixam levar,
ora levam o caminhar!
Entre passos e mentes,
num guiar-caminhada,
os fios vão se dirigindo ao azul,
          a um azul que se forma irradiando o dourado:
– O quê é aquilo? – grita um ser apavorado.
– Calma, pode ser um... – diz outro.
– Não, eu acho que é...
– É uma festa? Comemoramos o quê...?
– Que tolice.
– Fiquem quietos, preciso...

O azul e o dourado continuam
em forma
que se forma no particular:
o quê é?
Cada um o saberá!

Sandra Arantes, 1997

Análise da proposta

Ao observarmos esta atividade, verificamos que, no decorrer de suas
etapas, ela evolui do sentir-sensorial (o perceber das sensações evocadas
através do aguçar e do roçar dos sentidos: a audição, pela música de
fundo; o tato pelo contato com os materiais; o visual, pelo exercitar do
olhar na imagem criada, no papel em branco; a produção do desenho),
para um sentir-pensado, uma razão sensível, mobilizada, tocada pelo
sensório que se faz imagem.

Ao focar o desenho, para resgatar dele ou torná-lo personagem, há
uma possibilidade de um distanciamento entre o criador e sua criação;

Metáfora e metonímia: figuras de linguagem ....

um novo olhar se faz presente. Figuras, imagens internas desvelam-se no olhar, concretizam-se na imagem produzida.

O sentir-pensado vai, aos poucos, fazendo-se metalinguagem na escritura que se torna poética, cujos jogos de palavras e uso diferenciado das pontuações não perdem, no verbal, o sentir-sensorial.

Nessa atividade, podemos resgatar um trabalho com o pensamento metonímico: no movimento de focar o desenho, de torná-lo personagem, no distanciar da produção para a criação metalingüística, na etapa seguinte.Na produção, encontramos um texto que traz, em sua estrutura, frases entrecortadas e curtas; a relação entre tempo e espaço; os elementos que significam partes de um todo complexo.

Nesse movimento do pensamento metonímico, entrelaçamo-nos ao pensamento metafórico: as imagens que surgem das sensações às produções verbais e não-verbais; as comparações com os conteúdos internos individuais; os símbolos que se presenteiam e significam nas produções.

As operações mentais que podemos pontuar nessa atividade são as seguintes:

1. A observação: iniciando pelo próprio centrar na respiração do indivíduo para relaxar seu corpo e liberar sua mente para a criação; bem como, por exemplo, em outro momento da proposta, no focar do desenho realizado.

2. A composição e a organização: na construção, pelo participante, de um texto com os elementos narrativos: personagem, lugar e situação.

3. A comparação: no focar metalingüístico entre o desenho e o texto produzido pelo indivíduo.

4. A interpretação: a leitura e, se for de interesse do profissional e do(s) participante(s) da atividade, a análise dos trabalhos feitos pelo sujeito, no desenvolvimento dos significantes e significados, nos símbolos e relações presentificadas nas realizações, dentro da atividade.

De acordo com as possibilidades de ampliação e adaptação do trabalho, bem como das necessidades do indivíduo ou do grupo, muito se pode construir e se desenvolver "com" e "em" uma atividade como

Tramas criadoras na construção do "ser si mesmo"

essa, pelo profissional. A análise feita aqui traz um cunho ilustrativo para a argumentação que proponho, não estando, portanto, acabada, fechada e/ou com apenas esse olhar para a leitura do trabalho.

Constatamos como o articular entre esses pensamentos é concomitante e criativo, quando damos permissão a eles para que se expressem; e quão valorosos e significativos eles se tornam, quando nos apropriamos deles enquanto estrutura cognitiva e possibilidade de ação.

Atividade II:

Material:

– pedaços de papel sulfite branco (cortar vários papéis sulfite em quatro partes iguais);

-caneta hidrocor coloridas, finas e grossas;

-lápis de cor;

-giz de cera.

Proposta: etapas:

1ª etapa – O facilitador ou o(s) participante(s), de acordo com seus critérios e interesses, escolhe(m) um texto a ser trabalhado, nesta atividade. A leitura do mesmo é feita no momento da atividade, individual e silenciosamente.

2ª etapa – O participante deve destacar três frases que julgar importantes do texto.

Obs.: Se o trabalho estiver sendo feito individualmente, pode-se pedir para a pessoa que retire mais de três frases do texto, ficando a quantidade a critério do facilitador.

3ª etapa – Ler as frases escolhidas. Escrever tais frases em tiras ou pedaços de papel sulfite branco. Montar uma seqüência lógica com as frases, re-montando, re-construindo um novo texto a partir das frases destacadas.

Obs.: Se o trabalho estiver sendo feito em grupo, tal remontagem deve ser feita pelo grupo.

4ª etapa – Com um dos pedaços de sulfite branco e um pedaço (do mesmo tamanho) de papel de seda ou carbono, colocar a folha de seda (ou carbono) sobre a folha de sulfite e fazer com um dos materiais expostos

Metáfora e metonímia: figuras de linguagem ....

(caneta hidrocor, lápis de cor ou giz de cera) um movimento que signifique o texto construído com as frases recolhidas do mesmo.

5ª etapa – Escrever, em um pedaço de sulfite, uma palavra que signifique aquele movimento.

6ª etapa – Fazer um movimento que signifique o texto, em um pedaço de sulfite.

7ª etapa – Escrever, num pedaço de sulfite, uma frase que signifique esse movimento da etapa anterior.

8ª etapa – Fazer, em um pedaço de sulfite, através de linhas, cores e formas "o quê" não deve ser do/no texto, utilizando os materiais expostos.

9ª etapa – Escrever em um pedaço de sulfite, uma frase com "o quê" não deve ser, significando o movimento anterior.

10ª etapa – No mesmo pedaço de sulfite, colocar um sentimento quanto ao até aqui feito.

11ª etapa – Fazer um movimento, representando esse sentimento.

12ª etapa – Escrever, em uma folha de sulfite inteira, sem se comunicar com os colegas do grupo, tudo o que vier à mente.

13ª etapa – Opcional – Se o grupo ou indivíduo sentir necessidade, escrever mais uma palavra que venha a fechar a atividade, em um pedaço de papel sulfite.

14ª etapa – Ao final da atividade, pedir para que o(s) participante(s) observe(m) o seu processo e responda às seguintes questões:
a) Como você se apropriou dos conceitos que o texto trouxe?
b) Em que momento você se sentiu criando?
c) Como foi percebido por você esse seu processo criativo?

Análise da proposta

A vivência em questão partiu de um estímulo verbal – de um texto escolhido para a atividade – e foi fazendo um diálogo entre este verbal e o não-verbal; movimenta-se ora da frase para a imagem, ora da palavra para a imagem, ora da imagem para a frase ou texto ou palavra. Tal movimento recupera, na prática, um exemplo de um trabalho metalingüístico que auxilia o metacognitivo, na proposta.

No recuperar do trabalho com os sentidos, na atividade, observamos: o visual resgatado nos desenhos produzidos; o tátil, no manusear e no trabalhar com os materiais da atividade; o auditivo, na escuta do outro para, por exemplo, re-montar o texto, compartilhar a experiência etc.

Podemos esquematizar a estrutura da atividade da seguinte maneira:

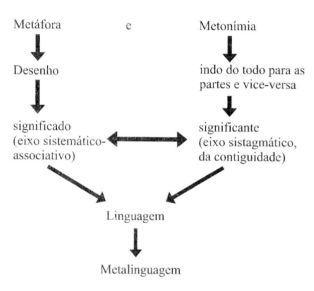

Ao observarmos tal estrutura, percebemos a relação intrínseca existente entre os pensamentos metafórico e metonímico e o quanto eles são representativos de uma maneira de pensar sobre os fenômenos. É graças a uma união metonímica que surge o efeito metafórico. Os significantes possibilitam os significados, tornando possível a metáfora. Assim, a metonímia é uma pré-condição para a metáfora e vice-versa. Eis a rede de relações intrínsecas!

Metáfora e metonímia: figuras de linguagem ...

As operações mentais que podemos pontuar, nessa vivência, são as seguintes:

1. A observação: na centração e na percepção em cada etapa do trabalho.

2. A classificação: na tentativa de categorizar e explorar a natureza dos critérios, buscando a identidade em cada etapa para realizar a seguinte.

3. A composição e a organização dos dados: por exemplo, a 3ª etapa da atividade.

4. Resumir: buscando a essência do todo, reduzindo o mesmo em partes. A exemplo, a 2ª etapa da vivência.

5. A transferência: no sentido de aplicar o que foi apreendido a novas situações, pois a cada etapa era exigido do indivíduo que o mesmo transferisse significados de um momento para ser capaz de criar no outro.

6. A comparação: essa operação mental, analiso como passando pela via do sinestésico e do emocional, pois as imagens que se formavam, a partir dessas vias, eram comparadas internamente e transformadas em linguagens ora verbais, ora não-verbais.

7. A interpretação: a cada nova etapa, para significar a mesma e a seguinte, o sujeito deveria atribuir e/ou negar sentidos ao seu fazer para que o mesmo pudesse ter uma coerência enquanto todo.

8. A reversibilidade: a exemplo, a 8ª etapa da vivência; bem como o próprio fazer metalingüístico e metacognitivo, em toda a atividade.

Podemos pontuar que, nessa proposta, trabalha-se com o intuitivo, na relação entre pensar e sentir que se faz em movimento constante entre uma etapa e outra. Assim, propicia-se a elaboração da memória cognitiva do sujeito.

Nessa complexidade estrutural da proposta, produzindo, construindo, criando metalingüisticamente entre uma etapa e outra, auxiliamos a metacognição. Esta é observada e refletida na 14ª etapa, quando é solicitado ao indivíduo que observe, resgate e analise seu processo criativo,

Tramas criadoras na construção do "ser si mesmo"

bem como tente especificar seus momentos de apropriação de possíveis conceitos e de criação.

Uma questão que acredito ser relevante destacar nessa proposta é que: devido ao fato da mesma tocar o sentido do indivíduo que a realiza, especificamente quanto ao elemento surpresa em cada etapa, ou seja, o participante não tem noção, não consegue hipotetizar o objetivo ou a realização final "da" e "na" atividade, durante a sua ação. Devido a esse fator e à complexidade da estrutura da vivência, o facilitador deve cuidar na utilização da mesma em seu fazer; pois propostas como essas despertam ansiedade e angústia em indivíduos que são muito controladores, muito organizados e que privilegiam o pensar ao sentir. Tal vivência, assim como todas elas, deve estar integrada a um todo do trabalho com o outro, respeitando suas características individuais, necessidades e a construção-desenvolvimento que se almeja resgatar e alcançar, em sua estrutura, enquanto ser complexo que é.

Conclusão

Acredito que não tenho o que concluir ainda, pois esse é um fazer que está sendo construído, elaborado, confirmado e reformulado a cada experiência com todos aqueles com os quais trabalho. É uma proposta que compartilho com o intuito de auxiliar num trabalho psicopedagógico ou em outra área educacional que dela possa utilizar.

Muitas análises poderiam ser feitas ou mesmo essas, dentro do enfoque cognitivo, ampliadas. Como disse: é um ensaio que compartilho...!!!

Acho interessante ressaltar ainda que dentro dos meus estudos, bem como do meu fazer profissional, a princípio enquanto docente e, posteriormente como psicopedagoga clínica e institucional, focalizo o cliente adolescente e o adulto. Pontuo isso, na tentativa de explicitar ainda mais o nível cognitivo objetado nas atividades propostas.

Tenho o interesse em trabalhar com esse público, porque, na literatura, encontramos muitas pesquisas práticas que focalizam o público infantil e o pré-adolescente, no qual um trabalho com os sentidos, com a elaboração do pensar, utilizando as diferentes linguagens e os recursos plásticos como instrumento tornam-se mais fáceis e eficazes, devido à própria disponibilidade dessa faixa etária para tais atividades.

Metáfora e metonímia: figuras de linguagem ....

O que tenho observado em meu trabalho e estudos é que ao resgatarmos nos adolescentes e adultos os sentidos adormecidos, estimulando a criatividade eles se vêem capazes de se explorarem e de se descobrirem como seres com aptidões peculiares, autorizando-se a tomarem posse de seus potenciais (e de si mesmos!), usando-os em seu cotidiano, de uma maneira mais dinâmica, capaz e realizadora.

Nesse contexto, enquanto facilitadores de um processo, podemos perceber as falhas, as dificuldades e até mesmo os distúrbios de aprendizagem ligados, principalmente, às questões lingüísticas, sem apontá-los como feridas patológicas e/ou rótulos científicos viciosos, "instrumentos" esses primordiais "para" e "na" "destruição" de um ser.

Acredito! Sinto! Percebo! Acolho! Ajudo no que me é possível...!!! Por isso tento... Estou tentando... e... Compartilho...!!! Para crescer com...!!!

Referências Bibliográficas

ALLESSANDRINI, Cristina Dias. *Oficina Criativa e Psicopedagogia*, SP.: Casa do Psicólogo, 1996.

ALVES, Rubens. *Conversas com quem gosta de ensinar*, S.P.: Cortez Editora, 1984.

_____ *Estórias de quem gosta de ensinar*, S.P.: Cortez Editora, 1984.

BELO, Fernando. *Epistemologia do sentido*, Lisboa: Fundação Calouste Gulbenkian, 1991.

BOUVERESSE, Jacques. *Langage, perception et réalité*, Marseille: Éditions Jacqueline Chambon, 1995.

CHALHUB, Samira . *A Metalinguagem*, S.P.: Ática Editora, 1986.

FAGALI, Eloisa Quadros. *Psicopedagogia Institucional Aplicada*, Petrópolis, R.J.: Editora Vozes, 1993.

FERRARA, Lucrécia D'Aléssio. *A estratégia dos signos*, S.P.: Editora Perspectiva, 1981.

LOPES, Maria da Glória. *Jogos na Educação*, S.P.: Hemus Editora, 1996.

LUCKESI, Cipriano Carlos. *Filosofia da Educação*, S.P.: Cortez Editora, 1990.

MEC (Ministério da Educação e cultura). *Parâmetros Curriculares Nacionais: Apresentação dos Temas Transversais*, Brasília: MEC/SEF, 1997.

MOLES, Abraham (tradução de Helena Parente Cunha). *Teoria da Informação e Percepção estética*, R.J.: Editora Universidade de Brasília, 1978.

PASCHOALIN & SPADOTO. *Gramática – teoria e exercícios*, S.P.: FTD, 1989.

PEIRCE, Charles S. *Semiótica*, S.P.: Editora Perspectiva, 1977.

PENA, Antônio Gomes. *Percepção e Aprendizagem*, R.J.: Editora Fundo de Cultura, 1966.

PLAZA, Júlio. *Tradução Intersemiótica*, S.P.: Editora Perspectiva, 1987.

PONTY, Maurice Merleau (tradução de Constança Marcondes Cesar). *O primado da percepção e suas conseqüências filosóficas*, Campinas, S.P.: Editora Papirus, 1990.

TAVARES, Hênio. *Teoria literária*, B.H.: Editora Itatiaia, 1984.

VALLEJO, Américo & MAGALHÃES,Ligia C. *Lacan: Operadores da leitura*, S.P.: Editora Perspectiva, 1981.

O poder das histórias no caminho para o conhecimento e desenvolvimento

5

MARISA PIRES FERNANDES BIANCO

Trouxeste a chave?

Chega mais perto e contempla as palavras.

Cada uma

tem mil faces secretas sob a face neutra

e te pergunta,

sem interesse pela resposta,

pobre ou terrível, que lhe deres:

Trouxeste a chave?

*(Carlos Drummond de Andrade
in Oliveira, Z. de M. R. (1995), pág.11)*

Tramas criadoras na construção do "ser si mesmo"

O mundo imaginário da infância

O "gosto" gostoso da infância, suas fantasias, imaginação, alegria e expressão tão genuínas que, muitas vezes, o adulto deixa adormecer, pode ser evocado através de muitas histórias. Escolho esta, porque inspira-me a possibilidade da sabedoria infantil na idade adulta...

Torta de Amoras

Era uma vez um rei que chamava de seu todo poder e todos os tesouros da Terra, mas, apesar disso, não se sentia feliz e se tornava mais melancólico de ano a ano. Então, um dia, mandou chamar seu cozinheiro particular e lhe disse: – Por muito tempo tens trabalhado para mim com fidelidade e tens me servido à mesa os pratos mais esplêndidos, e tenho por ti afeição. Porém, desejo agora uma última prova de teu talento. Deves me fazer uma omelete de amoras tal qual a saboreei há cinqüenta anos, em minha mais tenra infância. Naquela época, meu pai travava guerra contra seu (...) vizinho (que) (...) acabou vencendo (...) fugimos até (...) uma floresta escura (onde) vagamos e estávamos quase a morrer de fome e fadiga quando encontramos uma choupana. Aí morava uma vovozinha (que) (...) nos preparou uma omelete de amoras. Mal tinha levado à boca o primeiro bocado, senti-me maravilhosamente consolado, e uma nova esperança entrou em meu coração (...) Quando mais tarde mandei procurá-la por todo o reino, não se achou nem a velha nem qualquer outra pessoa que soubesse preparar a omelete (...) Se cumprires agora este meu último desejo, farei de ti meu genro e herdeiro de meu reino. Mas, se não me contentares, então deverás morrer. Então o cozinheiro disse: Majestade, podeis chamar logo o carrasco. Pois, na verdade, conheço o segredo da omelete de amoras e todos os ingredientes (...) Contudo, ó rei, terei de morrer. Pois, apesar disso, minha omelete não vos agradará ao paladar. Pois como haveria de temperá-la com tudo aquilo que, naquela época, nela desfrutaste: o perigo da batalha e a vigilância do perseguido, o calor do fogo e a doçura do descanso, o presente exótico e o futuro obscuro. – Assim falou o cozinheiro....

(Benjamin,1987, p.219)

O poder das histórias no caminho...

E assim nasceu, para mim, o "gosto".
De que?
Ora, o "gosto" da vida, o "gosto" de se aquecer ao sol, o "gosto" de fazer parte das histórias... e da história da humanidade.

Meus encantos com os contos

Era infinitamente a minha infância e eu saltava, corria e brincava, parava à beira de um rio, fazia de conta que estava na outra margem... e, então,... no meu mundo imaginário, eu era a "Chapeuzinho Vermelho" levando os doces para a vovó e desviando-me do caminho do rio. Ou, então, a "Branca de Neve" fugindo dos fantasmas da floresta e refazendo-me do cansaço nas águas calmas...

Ainda sinto o tom de voz, o calor, o aconchego e o envolvimento de quem me contava histórias (meu pai, minha mãe ou mais alguém que eu sentisse o poder da palavra no coração). A recordação mais vibrante é a história da Branca de Neve.

A bela e distante Branca de Neve se tornava tão próxima, tão viva e verdadeira para mim e a sua bondade e graciosidade eram mesmo um modelo. A sua caminhada de fuga para poder sobreviver a todos os perigos, a chegada à casa dos anões, tudo era tão real que eu circulava por esse mundo imaginário estabelecendo um caminho de ida e volta entre o meu mundo real e o mundo dos contos. Ah! A casa dos sete anões e a personalidade de cada um... inúmeras vezes eu os olhava e repetia seus nomes e manias, brincava com eles e ajudava Branca de Neve a limpar a pequena casa e a lavar suas roupinhas... e a rainha má, esta sim me tirava do sério: era possível "tamanha maldade", "tamanha vaidade"? Não! E naquele momento eu só conseguia desejar os mais horrendos castigos para ela. E, ainda, procurava o "espelho mágico" imaginando-o me dizer que eu também era Branca de Neve... mais linda e mais esperta do que a rainha má, capaz de destruí-la para deixar bem claro o poder e a força do bem contra o mal. E, reportando-me à minha infância, entro na cena em que Branca de Neve come a maçã envenenada e cai como morta. Sinto a grande dor junto com os queridos anões, velo, choro, pouco me conforto, até chegar o lindo príncipe. Sinto que ele é meu também. Quando ele ajuda a transportar o caixão e este cai, permitindo que o pedacinho da maçã com o veneno saia do dente da Branca de Neve... oh maravilha, voltam a "Vida" e a "Justiça Divina"!

89

Tramas criadoras na construção do "ser si mesmo"

É muito presente o sabor de ser Branca de Neve, quando eu ainda era bem pequena e a aspiração de sê-la quando adulta: linda, lutadora, transformada, pronta a transpor os obstáculos, irradiando a minha bondade.

De criança ouvinte de histórias , transformei-me em narradora. Entusiasmada narradora. E, então, no "fazer cotidiano" da minha prática profissional em psicopedagogia, as histórias fazem parte do tecido que vai sendo "tramado" na reabilitação cognitiva e afetiva de cada indivíduo. Inúmeras tramas, inúmeras maneiras de trabalhar as histórias, assim como são inúmeras as diferenças e caminhos percorridos por cada pessoa.

Quando alguém se torna narrador, ao mesmo tempo se torna ouvinte de si mesmo. Pode ouvir a sua e outras vozes. Pode narrar as histórias da humanidade e as suas próprias. Assim, coloca-se como participante ativo da magia da sua existência, percebendo-se também como construtor da história da humanidade.

Nas crianças e jovens que atendo, o papel de se tornarem narradores é sempre focado e vai sendo construído no percurso do trabalho. Isso faz com que se sintam mais capazes e confiantes para falarem sobre seus problemas e direitos, na família, na escola etc. No próprio consultório, deixam de ser simples tarefeiros obedientes, para se tornarem mais argumentativos e realizadores da sua própria vontade.

A história do percurso dos contos de fada

Os contos de fadas não foram importantes apenas para mim. Eles também estão vinculados à educação de crianças e atravessaram séculos influenciando modos de vida e perpetuando a cultura de muitos povos.

Já nos escritos de Platão, percebemos que as mulheres mais velhas contavam às crianças histórias simbólicas. Uma informação ainda mais antiga é que os contos de fada também foram encontrados nas colunas e papiros egípcios. A tradição escrita da humanidade data, aproximadamente, de três mil anos. O mais interessante é o fato dos temas básicos

---

1. "Arquétipo": temas universais da psiquê humana.
2. "Anima" é a contraparte feminina no homem.
   "Animus" é a contraparte masculina na mulher.

O poder das histórias no caminho...

não terem mudado muito. No caso dos contos de fadas europeus, que são os que nós temos como fonte, datam do século XI, XII, Idade Média.

Com o mercantilismo e as relações comerciais da Europa com o Oriente e com as terras da América, começa a haver o intercâmbio entre as histórias orientais e ocidentais. As diversas tradições começam a se cruzar nas histórias porque sua narração é a diversão que os adultos têm nessa época. E, quanto mais exóticas e originais fossem as histórias, mais as pessoas se divertiam. Quando assistimos a um filme que retrata o final da Idade Média, século XIV, XV, o que aparece como diversão? Os bailes, as "comilanças", as narrações de histórias e as funções circenses.

A transmissão dos contos de fadas pela tradição oral foi facilitada pela construção de um esquema presente em todas as narrativas orais: situação inicial, conflito, desenvolvimento da trama, resolução do conflito e desfecho. Todas as histórias têm um herói e um vilão. Assim, elas são facilmente memorizadas e contadas...

Até o século XVII e XVIII, os contos de fadas eram (e ainda são nas civilizações primitivas e remotas) contados tanto para adultos quanto para crianças. Em cada momento da história da humanidade, os contos de fadas respondem a uma necessidade cultural e educativa da época. Por exemplo, no século XIX, a história da Cinderela, relatada por Grimm, traz uma figura feminina que parece muito frágil, que vai todos os dias ao túmulo da mãe chorar e rezar, mostrando, assim, a tendência cultural daquele momento que é procurar na religião a solução dos seus problemas. Os contos de fadas foram preenchendo a insatisfação com os ensinamentos cristãos e satisfazendo a aspiração por uma sabedoria mais vital, terrena e instintiva.

Parece que foi essa busca religiosa por alguma coisa que possivelmente estava faltando nos ensinamentos cristãos oficiais, um dos motivos que induziu os famosos irmãos Jakob e Wilhelm Grimm a colecionarem contos folclóricos. Os irmãos Grimm escreveram os contos de fada de forma literal, isto é, como eram contados pelos habitantes do que seria a futura Alemanha, mas não resistiram algumas vezes a misturar um pouco as versões, embora fizessem isso de uma maneira bastante escrupulosa.

A coleção dos contos de fadas que os irmãos Grimm publicaram foi um enorme sucesso. Sempre que uma coleção desse tipo é publicada,

Tramas criadoras na construção do "ser si mesmo"

desperta sempre um grande interesse, porque já existe, no inconsciente das pessoas, uma necessidade emocional de reencontrar as figuras arquetípicas revividas nos contos de fada. Isso pode ser verificado pelo grande número de temas que se repetem em obras semelhantes, em diversos lugares do mundo. Começaram a surgir, então, outras edições parecidas, como por exemplo, a coleção de Perrault na França. Em todos os países, as pessoas começaram a colecionar contos de fada nacionais. Começou a ser verificado um grande número de temas que se repetiam, tanto nas coleções da França como nos da Rússia, Finlândia e Itália.

De acordo com Von Franz, (1985) diversos pesquisadores trabalharam com os contos de fadas.

Por que as histórias atravessaram séculos?

Frente a um conhecimento que atravessa séculos e está presente em tantas culturas, perguntamo-nos: por que homens de tão diferentes contextos interessam-se por temas tão semelhantes? Por que os contos são tão significativos para o homem?

Para desvendar essas questões que fazem parte do meu estudo, busquei respostas nos conceitos de Jung e dialoguei especialmente com Von Franz (1985), autora que interpreta os contos de fada à luz desse pesquisador.

Segundo essa autora, esse interesse do homem por temas tão diferentes se justifica pelos arquétipos[1]. Temas como: o ciúmes, a inveja, o medo, o sentimento de sentir-se pequeno diante do mais forte, o medo do abandono, a paixão, a dependência e simbiose com a figura materna e paterna, a procura do grande amor (o encontro com a "anima" e "animus"[2]), entre outros, fazem parte da maioria dos contos.

É por esse motivo que, quando ouvimos uma história, ela mobiliza sentimentos e emoções que se relacionam com temas que fazem parte de tantos outros que acompanham a história do desenvolvimento psicológico do indivíduo na humanidade.

"Os contos de fadas representam os arquétipos na sua forma mais simples, plena e concisa, fornecendo assim nossas imagens arquetípicas,

O poder das histórias no caminho...

as melhores pistas para compreender os processos que se passam na psique coletiva". (Von Franz, 1985).

É possível perceber esse conceito quando observamos a identificação que se estabelece entre o ouvinte e a história. Dessa forma, dentre vários contos que ouvimos, sempre existe um que nos toca muito especialmente, que nos deixa totalmente embevecidos e nos permite "viajar" através dele como se estivéssemos participando vivamente daquela trama.

Cada pessoa tem, em cada momento, os conflitos mais emergentes a serem enfrentados. Quando entra em contato com uma história que traz esse tema, cria-se a oportunidade de se estabelecer uma rede de associações que lhe permite chegar a um significado psicológico essencial. Este pode ser desvendado e compreendido através das figuras e eventos simbólicos que as histórias trazem.

Podemos perceber que cada conto de fada fornece um tipo diferente de experiência, mas isso não supõe diferenças de valor, porque no mundo arquetípico não há hierarquia de valores. Cada arquétipo é um aspecto do inconsciente coletivo; espelham as estruturas básicas da psique, que o representam como um todo.

Percebemos ainda que a "vivência" desses problemas e possibilidades, através das histórias, estão centrados em dois aspectos opostos: "a luz" e "a sombra", o bem e o mal, a vida e a morte, o êxtase e a tragédia, que denotam a "contradição" inerente ao mundo psicológico humano e a "corajosa perseguição" à integração interior.

Quando a história termina e damo-nos conta do "aqui agora", ficamos conscientes de como é fundamental fazer esse percurso entre o real e o imaginário, entre o consciente e o inconsciente. Lembrando Vygotsky (1987), que nos enriquece com as suas palavras: "a realidade se inspira na fantasia e esta, por sua vez, alimenta-se da realidade".

Os contos de fada, portanto, não são construções simplesmente racionais, muito mais do que isso, são criações do espírito. Muitas vezes, são considerados apenas como histórias para divertir ou para acalentar as crianças, mas quando analisados profundamente mostram-se como espelho da experiência humana, indicando a complexidade dos seus problemas, assim como as possibilidades de solução para os mesmos. É

Tramas criadoras na construção do "ser si mesmo"

também por essa razão, no meu entender, que eles atravessam os séculos e contribuem para o conhecimento e desenvolvimento do ser humano.

Como já foi dito acima, os contos de fada traduzem a linguagem do inconsciente, ou seja, o mundo arquetípico; falam diretamente com a criança sem a intermediação da razão ou conselhos morais (normas de educação e comportamento). Os símbolos aparecem através das imagens e ajudam a criança a elaborar seus conflitos. Enquanto conversa com as bruxas e com os monstros, a criança imagina receber a ajuda das fadas, da espada mágica e de outros símbolos. Assim, ela tem mais recursos para trabalhar os seus temas que podem ser considerados como sendo os seus conflitos.

Relembremos a história infantil de minha referência inicial: "Branca de Neve", que é, dentre os contos clássicos, um dos mais conhecidos. Sua narrativa vem sendo feita há séculos, sob várias formas, em muitas culturas.

Na minha construção pessoal, a "Branca de Neve" era a referência. *Tantas vezes a escutei, mais uma vez e ainda uma mais... depois comecei a contá-la, dando agora a minha interpretação, o meu colorido, a minha vibração. Assim, eu "era" linda como a Branca de Neve, com diferentes facetas como os diferentes anões, às vezes má como a rainha, mas sempre preparando um final sábio e feliz."*

Diferentes histórias trabalham diferentes conflitos

Consideramos aqui como a história permite à criança projetar-se nos personagens que ela traz. Segundo Johnson, (1996) um sábio iridologista americano, que usa as histórias na cura de crianças com doenças físicas e mentais, cada conto tem um tema referente. Cada parte do cérebro usa uma linguagem diferente e, assim, cada história faz vibrar as diversas áreas cerebrais.

Quando uma criança ouve uma história de medo, de abandono, ela entra em contato com esses temas e pode elaborar os seus conflitos. Por exemplo, na história de João e Maria, é possível trabalhar os temas: do abandono, do medo do mais forte, da solidão.

Se uma criança tem medo, não se deve omitir as histórias que tragam esse tema. Muitas vezes, uma criança, na penumbra do quarto, vê um

O poder das histórias no caminho...

monstro e, ao acender a luz e ser acalmada pela mãe, constata que este não existe, é apenas um cabide com roupas. Novamente, na penumbra, o medo volta e se projeta para algum objeto de baixo da cama, atrás da porta ou até mesmo escondido nos armários. Por que a constatação do objeto real não foi suficiente para aplacar o seu medo? Simplesmente, porque o medo não está "de baixo da cama", mas faz parte do seu mundo imaginário.

Ao tomarmos consciência deste movimento psicológico, podemos escolher contar para cada criança as histórias que, nesse momento de suas vidas, traduzem esses medos. Podemos conhecer os conflitos que as crianças estão vivendo, através da observação de suas reações, ao escutar histórias de diferentes temas. É provável que ela peça para repetir muitas vezes uma determinada história, e esta escolha sinaliza para o contador um caminho para conhecer seu tema mais emergente. Ao escutar uma mesma história tantas vezes, a criança percebe que os conflitos, nas histórias, são enfrentados e resolvidos, mesmo que isso aconteça somente nos últimos minutos da narrativa. Sensibilizada por esse encaminhamento, a criança se dá conta que os personagens também têm medo, raiva, ciúme, sentem-se incapazes e, apesar de todas essas fragilidades, também podem ser heróis e alcançar um sucesso pleno. Dessa forma, começa a acreditar na possibilidade real de resolver as suas angústias.

Segundo Diatkine (1993), "uma das histórias de maior sucesso na França é a dos Irmãos Grimm em que a madrasta mata o garoto e faz com que o pai coma o seu corpo no jantar. É uma história sinistra, mas as crianças sabem que o menino retorna como pássaro. E o pássaro canta a seguinte canção: 'Minha madrasta me matou, meu pai me comeu e minha irmãzinha juntou meus ossos. Que belo pássaro eu nasci'". Também a história de Chapeuzinho Vermelho, do lobo que devora a avó, tem esses ingredientes trágicos. Ou ainda, a história da rãzinha, na qual todos os dias um menino brincava e dava de comer a uma rãzinha. Um dia, sua mãe ouviu-o falando com a rãzinha e cantando para ela; com medo que esta o molestasse, a mãe matou a pobre rãzinha. O menino foi ficando cada dia mais tristonho, foi perdendo a cor, não comia mais e, depois de alguns dias, a cigarra colheu os ramos da amoreira para enfeitar o seu caixão de defunto.

Para Jung e seus seguidores, as figuras do inconsciente que aparecem nos sonhos e nas narrativas tradicionais são simbólicas. Essas simbologias

Tramas criadoras na construção do "ser si mesmo"

têm várias funções. Por exemplo, uma das simbologias da rã é possibilitar o trânsito entre o consciente e o inconsciente, entre o real e o imaginário, tão necessário para a saúde mental das crianças e de todas as pessoas. Na narrativa acima, a mãe, simbolicamente impossibilitou esse acesso, negando ao menino a possibilidade de transitar entre a realidade e o seu mundo encantado.

Como foi dito anteriormente, outra função das narrativas é ensinar as crianças a elaborarem os seus medos. Uma criança pequena quando adormece, tem a sensação de estar deixando para trás o pai e a mãe, seu universo, sem ter certeza de reencontrá-los, no dia seguinte. Assim, quando um dos pais se senta à cabeceira do filho para contar uma história, sua palavra tem uma penetração maior no inconsciente da criança, o que ajuda que seus conflitos sejam trabalhados mais profundamente. Nesse momento, quando a criança vai dormir, só devem ser contadas histórias que contenham começo, meio e final, com uma trama muito bem resolvida, pois, segundo Johnson, na primeira hora de sono, o inconsciente da criança está mais aberto para receber e incorporar a palavra.

É mesmo fundamental que os pais e os avós, ou ainda, um outro adulto com o qual a criança tenha familiaridade, possam sentar com os filhos para narrar e ler histórias. As descobertas são surpreendentes, pois a criança, desde muito cedo, pode iniciar um mundo novo e infinito.

Desconhecendo esse fundamentos, alguns pais temem que os contos de fadas afastem as crianças da realidade, porque falam através de mágicas e fantasias. Mas o real a que os adultos se referem é um mundo circundante externo, enquanto que os contos de fadas falam de um mundo bem mais próximo das crianças, pois não se trata "do aqui e nem do agora" da realidade adulta. É um território fora do tempo e do espaço.

É simples assim!

Acesso ao mundo da palavra

Além do acesso ao mundo imaginário, os contos de fadas, os mitos, os contos maravilhosos colaboram na construção do conhecimento, pois as histórias possibilitam e oportunizam: a aquisição da palavra falada, a aquisição da palavra escrita e a construção da memória, apresentando também o significado do mundo da linguagem falada e escrita.

O poder das histórias no caminho...

Retornando à minha infância, quando comecei a perceber o significado das letras, eu ganhei o presente tão sonhado: um livro com a história da BRANCA DE NEVE E OS SETE ANÕES, com letras negras e grandes e magníficas figuras. Fui, então, sem ainda desconfiar das palavras, numa deliciosa curiosidade, descobrindo a escrita: Branca de Neve e, assim, construindo o todo, comecei a suspeitar das partes. Eu restava horas sem fim, de coração apaixonado pela descoberta, seduzida pelos significados, devagarinho, decifrando cada letra, amarrando as palavras e amando seus enredos.

Para explicar como as histórias colaboram na construção da linguagem escrita, baseamo-nos também em Lúcia Lins de Rego (1988).

Quando as crianças começam a aprender a falar, as palavras e as frases são apresentadas de maneira significativas para elas, sem uma preocupação com o conhecimento de cada letra ou fonema, ou como cada palavra se compõe. Assim, naturalmente, a criança vai aumentando o seu vocabulário e vai dominando as estruturas básicas de sua língua, através da prática da linguagem oral, feita de uma forma funcional.

A aprendizagem da língua escrita envolve muito mais do que, simplesmente, o domínio do código alfabético. Uma criança pode tornar-se letrada, antes mesmo de aprender a ler e a escrever, através de experiências significativas com a leitura e a escrita. Ela pode começar, então, a buscar o sentido das palavras nos livros, experimentar a paixão pelo significado e estabelecer hipóteses, a partir de uma primeira descoberta. Passo a passo, percebe que as letras compõem as palavras, que, por sua vez, produzem diferentes sentidos. A vivência de escutar, diariamente, a leitura de histórias em voz alta, desperta na criança, a paixão pela busca do significado do discurso. Essa busca pode mobilizar a criança no exercício de aquisição do código, da alfabetização.

Apesar dos contos auxiliarem na aquisição da palavra falada e escrita e na construção da memória, eles devem ser contados, lidos, repetidos, ouvidos com disponibilidade e não simplesmente usados para acelerar o aprendizado escolar. Isso deve ser feito de uma maneira cuidadosa para não quebrar o encanto de algo tão fascinante. Ler um conto é uma atividade que deve ser vivida com prazer.

Tramas criadoras na construção do "ser si mesmo"

Segundo Diatkine (1993), psicanalista francês, "é o jogo entre a linguagem do cotidiano e a do texto dos contos que enriquece o imaginário infantil. Assim, a criança vai construindo uma preparação para o futuro".

Os contos de fada na aquisição da linguagem

É muito importante, desde a mais tenra infância, que os pais e os avós, contem e leiam histórias para os seus filhos e netos. Se os pais percebessem o quanto conversar com seus filhos e ler para eles é relaxante e prazeroso, não relutariam em fazê-lo, além de estar contribuindo para a aquisição da linguagem.

Quando uma mãe conta histórias para uma criança pequena, que nunca viu livros antes, esta, primeiramente, vai manipulá-lo como qualquer outro objeto. Depois, essa criança começa a conhecer as imagens e o livro vai sendo reconhecido como algo que faz falar, pensar e, apesar da criança não entender o sentido formal das palavras, a mãe está desenvolvendo com ela dois tipos de linguagem: a linguagem do cotidiano e aquela usada para as narrativas tradicionais. É a relação entre essas duas linguagens que formam o "conjunto lingüístico" que usamos normalmente.

Desde muito pequena a criança precisa ter contato com essas linguagens para aprender a falar, para se desenvolver enquanto um ser letrado e integrado (cognitivo e afetivo). A mãe fala com a criança numa linguagem do coração, sem estar preocupada se a entende ou não. Imersa nessa linguagem repleta de gestos e calor, um espaço vai sendo criado e, é nesse ambiente, que as histórias têm o seu lugar. Esse momento é relaxante e prazeroso e está preparando a criança para ter consciência de si e criar um espaço de troca saudável com o outro. Esse ambiente deve ser mantido conforme a criança cresce. Observa-se assim como contar histórias favorece a interação entre a mãe e a criança.

Atenção! O narrador está desaparecendo!

Aproveito aqui para lembrar o papel do narrador, aquele que conta as histórias, que tem a "palavra sábia", que fala do coração porque deixa os traços do seu conhecimento no ouvinte, "como o oleiro deixa a marca de sua mão no vaso de argila... " (Rouanet,1981, citado por Kramer, 1993, pág.53).

O poder das histórias no caminho...

Com o grande desenvolvimento da tecnologia, a entrada da televisão e outras máquinas nos lares, a crescente necessidade dos adultos partirem para a sua jornada profissional fora de casa, as pessoas não têm mais tempo de troca com os filhos. Então, o papel do narrador, a arte de narrar, está desaparecendo, o que favorece o surgimento de um homem mais alienado, mais distante da sua essência humana, das suas raízes, dos valores familiares que são passados através da história de cada família. "E esse empobrecimento da experiência humana leva ao desaparecimento da arte de narrar, considerando que a narração não é apenas da voz, mas tudo que é aprendido na vida social". (Benjamin, 1987).

O espaço cultural e afetivo é o único que permite a reconstituição da rede social que está rompida atualmente, que pode juntar as pessoas, que pode tirar o homem atual da sua crescente alienação.

Como essa experiência entre ouvinte e narrador, onde ambos participam de uma vivência comum, está se tornando arcaica, à medida que cresce de importância a difusão de informações num mundo mais globalizado, a narrativa tradicional também se torna arcaica. Essas informações globalizadas não se vinculam nem a vida de quem a transmite, nem a vida do ouvinte... "Desaparece assim a narrativa, ponte entre o passado e o presente, o indivíduo e a tradição, passado individual e coletivo..." (Rouanet, 1981, citado por Kramer, 1993, pág.53).

Ressaltamos ainda a importância das histórias e dos "causos" da família, (dos tios, avós, padrinhos etc.) a serem contados às crianças para que elas tenham acesso aos valores e mitos familiares e, assim, poder conhecer os seus ancestrais. Independente desses valores serem positivos ou negativos, se facilitam ou se dificultam nossas vidas, ou de onde vêm, o que importa? Eles precisam, sim, compor os contornos dos mitos construídos por cada família, fundamentais de serem conhecidos por cada membro. Assim, mais consciente de suas origens, o indivíduo pode escolher, mais clara e consistentemente, os caminhos de sua existência.

Esses momentos, que são usados para as histórias e "causos" da família, quaisquer que sejam eles, podem ser muito divertidos e afetivos, possibilitando, efetivamente, a volta do narrador, da arte de narrar, tão essenciais para o desenvolvimento integrado de uma pessoa nesses novos dias, rumo ao sonhado século XX. Ouvindo essas histórias, ela cria um espaço para um mundo fabuloso, ampliando a imaginação, aprendendo a reagir a situações desagradáveis e a resolver os seus conflitos pessoais.

Tramas criadoras na construção do "ser si mesmo"

Como os avós podem ajudar no resgate do narrador

Vamos falar agora especialmente da importância da experiência dos avós na transmissão das histórias. De alguma forma, já foi dito que as histórias são alimento para a alma, abrem a mente, o coração e tocam o corpo. Esse "toque" é importante, o "amor" é importante, mas, mais do que isso, estamos falando da "palavra". Quando essa palavra é passada pelos avós, elas podem ter um papel fundamental, pois eles têm, em geral, uma função muito diferente da dos pais.

Os pais têm que colocar limites para as crianças. Os filhos precisam dos seus pais, pois eles têm um efeito obrigatório e específico. Já os avós podem ser mais indiretos e a sua linguagem é mais suave, mais otimista, mais simbólica e vai mais profundo no sentimento da criança. A voz gentil de uma avó pode tocar "muito especialmente" o coração de uma criança. A voz de uma mãe também toca profundamente a criança, porém a voz de uma avó soma um crescimento na consciência, na sabedoria.

O que, muitas vezes, as pessoas não imaginam é a magia que se estabelece quando uma avó genuinamente interessada, lê histórias para o seu neto. Um rio começa a fluir. Esse rio flui das raízes para toda a árvore da família. Esse é o rio dos sentimentos, é o rio da consciência. Quando a criança e os avós estão conectados em consciência, toda a árvore familiar se torna mais forte. Essa árvore é a vida, é a árvore da comunidade. Os avós são as raízes da árvore, cujos frutos são a sabedoria, a experiência e a consciência. Leva muitos anos para uma árvore produzir os seus frutos. Esses frutos vêm da terra, crescem através da árvore e se tornam uma substância preciosa para ser dada à comunidade. Essa é a dádiva que as pessoas de mais idade podem oferecer para a família.

Podemos entender melhor agora porque, desde os escritos de Platão, eram, especialmente, as mulheres mais velhas que contavam as histórias para as crianças. As pessoas de idade podem ser uma benção para a família e para a comunidade se continuarem abertas para aprender, para o novo. Esses avós podem construir nas crianças, naturalmente, o respeito e o amor aos mais velhos.

As tradições de cada família: Os valores passados através das histórias e "causos" familiares

Toda família tem as suas histórias, os seus mitos e os seus "causos". Quando eu conto para os meus descendentes a trajetória da família, é

O poder das histórias no caminho...

possível inseri-la dentro da humanidade com seus fracassos e conquistas, seus escuros e sua luz. Toda família tem aspectos dignos de serem mostrados (as luzes) e outros que muitas vezes são escondidos (as sombras) por causarem sérios constrangimentos. As luzes são sempre muito bem aceitas, mas para encarar as sombras é preciso muita simplicidade e consciência. Quando relatamos os "causos", que são contados em geral numa forma mais coloquial e bem humorada, (feitos heróicos, cenas cômicas ou constrangedoras), estamos passando os valores da família. Tais valores precisam ser conhecidos para que possam ser aceitos ou rejeitados, para que cada membro da família possa fazer suas escolhas de uma forma deliberada e consciente.

A maior das "Narradoras"

O Poder da Palavra – Caminhando com Sherazade

Nós, como seres humanos, precisamos da palavra para configurar os nossos pensamentos, sentimentos e sensações. É através dela que nos tornamos seres participantes e construtores de uma cultura e de uma sociedade. E, assim, continuando pelo caminho das palavras e das histórias, chegamos às Mil e Uma Noites. A maior apologia do poder da palavra, depois da Bíblia, são as histórias das Mil e Uma Noites, cuja figura central é Sherazade.

A história começa falando do rei Xeriar, sultão de todas as Índias, da Pérsia e do Turquestão, conquistador invencível, que o fogo não podia consumir. Este rei fica sabendo que sua mulher o traíra. O sultão, no estupor da mais funda desilusão afetiva, juntamente com seu irmão Xezamane, que também fora traído, ordenam a pena capital às suas mulheres, abandonam seus reinos e resolvem correr mundo. Vão em busca de alguém tão infeliz ou mais do que eles... e, assim, sentindo-se profundamente dilacerados, decidem partir.

Os dois reis somente voltam aos seus reinos depois de encontrarem um poderoso ser, o gênio maligno do mar, que fora mais traído do que eles. Acabam concluindo que "todas as mulheres são naturalmente levadas pela infâmia e não podem resistir à sua inclinação. O rei Xeriar, resolve então, a cada noite, tomar uma jovem do reino como esposa e ao amanhecer, ordena que ela seja morta.

Tramas criadoras na construção do "ser si mesmo"

Inserida nesse clima de tantas emoções, paixões oceânicas, intrigas, violência e opulência, surge a figura de Sherazade que, na versão de Galland (1965), é apresentada assim:

"muito corajosa, com um espírito de uma admirável penetração. Tinha muita leitura e uma memória prodigiosa. Estudava filosofia, medicina e belas artes e fazia versos melhores que os mais célebres poetas do seu tempo. Além disso, era provida de uma grande beleza e de uma sólida virtude."

Primeiramente, são ressaltadas suas qualidades intelectuais. As qualidades físicas vêm depois. Se Sherazade fosse apenas uma linda mulher, também teria morrido como as outras esposas do rei.

Ela se oferece ao rei para ser sua esposa. Seu pai, o grão vizir, tenta impedi-la. Sherazade começa usar, conduzida pelas circunstâncias armadas no palco da vida, o seu papel de narradora perspicaz, cuja palavra está no centro do coração. Vai contando ao pai algumas histórias, cada uma nascendo da anterior, até provar o quanto era necessário ela se oferecer ao rei. E dessa maneira, como as outras jovens, se casa, ameaçada de morrer.

Assim, através da narrativa das histórias apaixonantes da sua própria cultura ao rei Xeriar, Sherazade vai conseguindo obter mais um dia de vida, a cada noite. Seus contos causam muita curiosidade, envolvimento e suspense no rei, até que, no final de 1.001 noites, ela tem a sua missão cumprida. Conseguiu curar o rei, restabelecer a sua confiança no amor e tocar profundamente o seu coração. Não pode curar a traição sofrida, mas cura a ferida do rei e transforma a "dor em amor". Trata-se aqui, da maior apologia da palavra: a perpetuação da vida é conquistada pelas narrativas.

Inspiração em Sherazade, Ezequiel, M. Nascimento e na própria Bíblia...

Inspirada na magia e completude dessa figura milenar e sempre atual de Sherazade, grande educadora e terapeuta, quero lembrar que é possível construir uma prática psicopedagógica com recursos semelhantes aos usados por essa personagem tão perspicaz. Esses recursos podem ser entendidos como:

O poder das histórias no caminho...

• A sua coragem para enfrentar o desafio de provocar uma transformação no outro;

• A sua busca pelo conhecimento, pois Sherazade lia tudo que existia na sua época a respeito das histórias da sua cultura;

• Seu exercício para memorizar tudo o que lia;

• A sua atenção no processo do outro, no caso o rei Xeriar, para saber, em cada momento, qual história o rei deveria ouvir;

• A sua boa percepção para despertar a curiosidade para o conhecimento;

• Seu interesse em construir um saber mais completo;

• A sua amorosidade;

• A sua integração de corpo, mente e alma;

A abertura e exercício da percepção, intuição, pensamento e sentimento, na prática da vida. Esse exercício consiste em receber, a cada momento, o que se apresenta. Pode ser que tenha o "aroma fresquinho da torta quase assada", ou o "calor do forno aberto aquecendo um coração resfriado", ou, ainda, "uma ponte quebrada obrigando-nos a parar e a verificar se existe um caminho". Cada momento é único e, em cada um deles, uma nova descoberta é possível. Sherazade, dessa maneira, inspira-nos a incorporar a poesia de Ezequiel (Kramer, 1993, pág.99):

"Tirarei da vossa carne o coração de pedra,
e dar-vos-ei um coração de carne".

Concluímos, trazendo, ainda, algumas palavras bíblicas:

"No princípio era o verbo
e o verbo se fez carne".

Fazendo um elo com Milton Nascimento:

> Solto a voz nas estradas
> Já não quero parar
> Meu caminho é de pedra
> Como posso sonhar...

Se naquele tempo, há mil e duzentos anos atrás, imaginando uma unidade no tempo, o rei Xeriar pudesse penetrar na música de Milton Nascimento, imaginamos que, fatalmente, falaria em uníssono com esses versos, traduzindo, assim, a expansão de sua vida. Contaria como abandonou a postura de vítima da perfídia feminina que o transformara

Tramas criadoras na construção do "ser si mesmo"

num homem com coração de pedra, para se tornar um homem que pode sonhar, ser digno, ser merecedor do amor e poder oferecê-lo a uma mulher, a uma família, ao seu reinado, à vida. Poder experimentar o real sentimento de estar vivo e fazer parte dessa tão contraditória, dilacerada e integrada humanidade, sabendo entender o que é habitar e transformar o seu reino e sensibilizar todo o planeta terra.

Conclusão

Por que a "Torta de amoras?"

Para onde nos transportamos com essa história?

Foi possível, através de cada ingrediente, viajar para tantos e diversos sabores de nossas infâncias?

Quero confessar que, a cada vez que conto ou ouço uma história, cada vez que dou oportunidade a outras crianças ou a adultos de ouvirem ou contarem histórias, o "gosto genuíno" da torta de amoras experimentada na minha infância, sobretudo com a história da Branca de Neve, novamente é sentido profundamente. Eu não tenho mais sete anos, mas sim várias vezes sete, e, por isso, várias vezes mais histórias, mais conhecimento, mais sofrimento, mais crescimento e também mais "Consciência na Alegria". Nesse tempo, fui construindo o sentido do trabalho, do aprender, da descoberta da possibilidade de conduzir aqueles que apresentam entraves no seu desenvolvimento. Estes podem construir o seu caminho de volta: o percurso do resgate, onde a palavra tem um papel tão fundamental! Nesse momento, lembro Clarice Lispector (1984, citado por Kramer, 1993, pág. 124), para nos "tocar" sobre a importância da palavra. Assim se expressa Clarice sobre a palavra escrita:

Enquanto eu tiver perguntas e não houver resposta continuarei a escrever (...) Este livro é uma pergunta (...) Não, não é fácil escrever. É duro como quebrar rochas. Mas voam faíscas e lascas como aços espelhados (...) O fato é que tenho nas mãos um destino e no entanto não me sinto como o poder de livremente inventar: sigo uma linha oculta fatal. Sou obrigado a procurar uma verdade que me ultrapassa (...) Escrevo por não ter nada a fazer no mundo: sobrei e não há lugar para mim na terra dos homens. Escrevo porque sou um desesperado e estou cansado, não suporto mais a rotina de me ser e se não fosse a sempre novidade que é escrever, eu me morreria simbolicamente todos os dias.

O poder das histórias no caminho...

Clarice nos mostra e sugere como até as "paixões oceânicas" ou o "dilacerante sofrimento" podem ser configurados e expressos à humanidade, através da palavra escrita. Como essa palavra nos aprisiona e nos liberta, como nos possibilita realizar, concretizar, de uma maneira Divina, a "Existência Humana"...

Assim, se me perguntarem: – Marisa, cadê a sua torta de amoras? Você a trouxe, ou sabe como prepará-la?

Respondo: – Não, não a trouxe, mas estou aprendendo prepará-la e descobrindo todos os seus ingredientes. Não trouxe também o "melhor método" para recuperar alguém que tenha dificuldades para aprender a ler e escrever e compreender o que lê. Minha contribuição é descobrir como se prepara a torta, a partir da "degustação" dos seus sabores e lembrar como as histórias possibilitam nossa maior integração, para poder degustar o sabor do aprender e de viver. "Cada educador-curador", com o seu "ato criativo" e com o seu "atrevimento" vai poder construir em si e no outro a possibilidade de aprender e de experimentar ser Maior, ser mais coração de carne e mais inteligente, conhecer e exercitar os diferentes aspectos da inteligência.

Inspirada na cura do rei Xeriar feita por Sherazade, apoiada em Marie Louise Von Franz, em Denny Johnson, em Vygotsky, identifico, nas crianças, os seus conflitos básicos, procuro histórias que possibilitem a identificação e a elaboração desses conflitos, a fim de construir uma nova relação com elas mesmas e com a palavra. A palavra escrita pode ser uma pedra nos seus caminhos. As histórias falam com as crianças pessoalmente, e essa descoberta as convida e as possibilita a mergulhar de outra forma na palavra escrita, no mundo da leitura, do conhecimento. Essa escrita pode ser a "pedra" no seu caminho. Eu as ajudo a tirarem essa "pedra" e a transformá-la num recurso a seu favor. Eu as ajudo a reconhecerem-se como pessoas inteligentes e as estimulo a ultrapassarem os seus limites.

Para isso, em cada encontro, é fundamental criar um "clima de ritual", onde o respeito, a atenção, a interação são vividos pelo educador e pelos educandos de uma forma participativa e ativa.

Estabelecer um "clima de ritual" em cada sessão foi sendo conseguido por mim, através de um processo de desenvolvimento pessoal, durante o qual foi sendo construído um perfil profissional próprio. Assim fui

Tramas criadoras na construção do "ser si mesmo"

"tecendo o meu xale". Para isso, inspirei-me nos poetas, nos escritores, nos pesquisadores, nos artistas e nos loucos. Realizei muitos trabalhos, vivi muitos processos de auto-conhecimento, envolvi-me em muitos momentos de contar e ouvir histórias, para buscar "me ser" e realizar o meu papel. Ele é apenas mais um, mas ÚNICO. Único como o toque mágico que cada história, a cada momento, provoca em cada ser.

E... atrevida e amorosamente, vou contaminando aqueles que interagem comigo, neste ato educativo, (educandos ou educadores) com o verdadeiro sentido da educação, que é "poder sentir o gosto": o gosto de estar vivo, poder se transformar, poder interferir no desenvolvimento do outro e, até, no destino do planeta.

Concluo com a minha crença de contribuir na construção de um ser inteiro, próspero, criativo, feliz. Esta é a minha proposta de uma prática, exercitando a educação para a paz. E assim, reforço o poder envolvente das histórias no caminho para o conhecimento e desenvolvimento.

Retomando o significado da história da Branca de Neve na minha infância e na minha vida, cabe aqui lembrar que ela ainda é alvo de grande parte do meu trabalho terapêutico de crescimento da consciência e desenvolvimento da personalidade. A crescente ampliação e complexidade da figura da rainha má, da bruxa, da Branca de Neve, levaram-me a muitas pesquisas através do caminho científico e mítico, colocando-me frente a frente com um sistema complexo de aspectos individuais e coletivos de minha personalidade, ajudando-me a integrar a minha Unidade Maior (SELF).

O poder das histórias no caminho...

Re-poetizando

Torta de amoras, Branca de Neve, Sherazade, Clarice Lispector,
Vygotsky, os avós, a própria Bíblia...
Terá valido a pena?
Se, por um instante, deixarmos de lado
nossas vaidades
nossas suscetibilidades
nossas falsas verdades,
e experimentarmos,
a ousadia de Ser
o atrevimento de Crescer
ou
a magia de, infinitamente,
nos Apaixonarmos...
pelos contos, cantos e poemas
por um profundo olhar
pela aventura de viver, e se ter...

Então,
Terás valido a pena.

MarisaBia (1999).

Referências Bibliográficas

BENJAMIN, W. *Obras escolhidas*, II. São Paulo, Brasiliense, 1987.

DIATKINE, R. *Histórias sem fim*. Revista Veja, março, 1993.

FRANZ, M. L. Von, (1915). *A Interpretação dos Contos de Fada* . (Tradução: de Maria Elci Spaccaquerche Barbosa; revisão de Ivo Stormilo). São Paulo, Edições Paulinas, 1990.

JOHNSON, D. *A Importância dos Avós* (apontamentos do curso no Centro de Alquimia Interior, 1996, 97 e 98).

KRAMER, S. (1993). *Por Entre as Pedras: Arma e Sonho na Escola:* São Paulo, Editora Ática, 1992.

MENESES, A. B. *Narrar e Curar*. Folhetim da Folha de São Paulo, 1 de set. 1985.

NASCIMENTO, M. Canção "Travessia", CD Canção da América.

OLIVEIRA, Z. de M. R. *A Criança e seu Desenvolvimento*. São Paulo, Editora Cortez, 1995.

PAVONI, A. *Os Contos e os Mitos no Ensino*: Uma abordagem junguiana. São Paulo, EPU, 1989.

REGO, L. L. B. *Literatura Infantil: Uma nova perspectiva da alfabetização na pré–escola*. São Paulo, FTD, 1990.

A arte de construir bonecos e de contar a própria história   **6**

Dilaina Paula dos Santos

O mundo encantado dos bonecos

Neste texto, venho convidar você, leitor, educador e terapeuta, a participar de uma vivência diferente: uma vivência de fantasias carregadas de realidades; uma vivência, onde a comunicação se faz necessária e presente a cada instante. Vivência diferente daquelas que fazem parte do cotidiano alienado que muitos de nós estão acostumados a viver.

Esse trânsito entre fantasia e realidade dar-se-á, a partir da construção de bonecos: fantoches manipuláveis que assumem personagens, segundo seus criadores. Através desses bonecos instalam-se movimentos dialógicos entre o educador / terapeuta e as crianças e jovens, com o objetivo de ampliar a comunicação, a expressão e a consciência dos mesmos.

Considero importante salientar que não se trata de um teatro de fantoches onde as crianças irão representar personagens, seguindo um determinado modelo, um "script". Nesse contexto o educador / terapeuta não se comporta como um diretor de cena que procura orientar o ator a se aproximar do personagem. Ele se constitui como um mediador que, primeiramente, permite um contato com o mundo interno que se dá pela identificação da pessoa no personagem quando ela o está confeccionando. Num segundo momento, ele auxilia na relação com o mundo externo, através do contato que o personagem vai estabelecendo com o ambiente e com as pessoas.

Se a criança brinca como se fosse o personagem, ela pode ou não sustentar a ficção apropriada, por exemplo, se a criança brinca que é um

Tramas criadoras na construção do "ser si mesmo"

bravo leão, pode em algum momento querer modificá-lo e brincar que o bravo leão é um bicho indefeso. No entanto, se a criança está realizando uma encenação dramática, ela deve fazer com que a imagem daquele personagem seja reforçada para o espectador; ela não estará simplesmente brincando, mas sim, atuando.

O Boneco existe desde a antigüidade, ele é o objeto representante de uma figura que será animada diante de um público. Possui características que, quando apresentado, imagina-se um personagem, então, a sua simples presença, já conta uma história. Pensando que boneco conta história, pensei em contar a minha história com os bonecos.

O início se deu na minha infância, na casa da minha avó. Eu adorava brincar com alguns fantoches que haviam lá e que me permitiam inventar um mundo mágico, de sonhos e fantasias, onde eu era o sujeito que criava minhas histórias.

Depois, quando adulta e profissional da educação, trabalhando em contexto público e particular, como professora e arte-educadora, e, mais tarde, como psicopedagoga clínica, fui desenvolvendo essa proposta a partir das necessidades e desejos que sentia nas crianças com as quais trabalhava. As experiências que realizamos juntas e as novidades que traziam a cada momento foram essenciais para eu traçar o caminho que descreverei a diante. Isso me ajudou na realização de um objetivo pessoal: trabalhar para um mundo melhor.

Penso que o mundo pode ser melhor, se as pessoas forem mais felizes, mais autônomas, mais livres para poderem SER. Um caminho importante que nos leva à autonomia, acredito ser, o da criação.

Podemos observar que uma criança emocionalmente livre, desinibida na expressão criadora, sente-se segura e confiante, identifica-se com sua expressão e possui liberdade para explorar e experimentar o mundo que a rodeia. Já uma criança retraída, que está acostumada a imitar ao invés de expressar seus pensamentos e sentimentos, depende sempre do outro para se sentir segura.

A criança dinâmica e consciente de si própria e do meio em que vive, aumenta a sua capacidade de ação, capacidade esta imprescindível na formação de um ser humano que integra os dois níveis da existência: o individual e o coletivo, vivendo assim a sua totalidade.

A arte de construir bonecos...

Escolhi falar das minhas experiências com bonecos porque foi através delas que verifiquei o quanto os mesmos possibilitam a integração entre esses dois níveis. Por ser o boneco um objeto de comunicação, ele levará a pessoa a estabelecer relações com o mundo externo, com o "outro"; assim, a construção da história pessoal vai sendo mediada e ampliada pelo "outro". Para a confecção de um boneco é necessário que se façam escolhas pessoais, pois é decidido desde a expressão do rosto, até a cor da roupa que o boneco terá. As escolhas pessoais promovem o desenvolvimento da identidade, pois a presença do "eu" é fundamental em qualquer experiência. Esse "eu", nem sempre é explícito, precisando muitas vezes ser encorajado pelo terapeuta a aparecer.

Dada a importância do papel do mediador, eu me propus a descrever minha parte como colaboradora na conquista de uma autonomia, na ampliação da consciência, no domínio de uma linguagem que comunica e expressa e na construção de um raciocínio mais lógico.

Para esclarecer como se deram essas interações, relatarei algumas experiências ocorridas em universos grupais, institucionais e em atendimento clínico.

A descoberta a partir das experiências

Tive a oportunidade de descobrir o fascínio que os bonecos causavam, na época em que trabalhei em uma escola da prefeitura com crianças menos favorecidas economicamente. Possuía alguns fantoches e comecei a fazer apresentações. Foi um sucesso! Como num passe de mágica, aquelas crianças que, antes se apresentavam extremamente agitadas, sentavam para ver os bonecos e faziam absoluto silêncio para escutá-los. Depois de já familiarizados pelas crianças, utilizei os bonecos com o objetivo de transmitir mensagens, recados e posturas que eram difíceis de serem transmitidas de outra forma.

Os bonecos oferecem essa aproximação do adulto com o mundo infantil. Usar bonecos para transmitir mensagens, remete-nos às primeiras experiências realizadas na antigüidade, onde eram utilizados para a transmissão de mensagens ideológicas e sociais e em cerimônias religiosas.

Tramas criadoras na construção do "ser si mesmo"

Outro fator que me chamou à atenção, ocorreu a partir das experiências de docência em aulas de Artes. Propunha, algumas vezes, que as crianças fizessem construções utilizando sucata. Muitas delas construíam bonequinhos e interagiam com eles de uma forma lúdica. No trabalho com modelagem em argila, esses bonecos apareciam como temas preferidos, bem como, bichos e monstros. A partir de então, percebi como as crianças se envolviam com esses "quase" personagens que criavam e comecei a desenvolver oficinas de bonecos para possibilitar a confecção destes e a criação de personagens.

Notei que a maneira como a proposta é feita para as crianças facilita o direcionamento para a criação do personagem: "criem um boneco que pode ser pessoa, bicho, monstro, seres de outro planeta etc.". Esses bonecos eram confeccionados com diferentes técnicas e materiais, de acordo com a faixa etária: saquinhos de pipoca, envelopes de papel, copos de papel, bolas de isopor, tecido, papel machê etc. Em todas as oficinas, as crianças pareciam muito envolvidas e, depois de confeccionarem os bonecos, brincavam com eles e os faziam interagir com os outros bonecos da turma. Comecei, então, a improvisar palquinhos e sugeria que cada criança fizesse a apresentação do seu boneco.

Experiências com diferentes faixas etárias levaram-me a perceber que, com as crianças menores, é interessante que se faça uma apresentação mais dirigida pelo orientador da atividade; por exemplo, fazendo perguntas ao boneco. O mesmo auxiliará as crianças a configurarem como personagens os seus bonecos construídos. As crianças um pouco maiores, a partir de 6 anos, são capazes de fazer apresentações espontaneamente. As mais velhas, de 8, 9 anos conseguem construir histórias em grupo.

Além de construirmos aqueles bonitos e engraçados bonecos na escola, estávamos sempre criando algo novo para torná-los mais interessantes. As crianças propunham idéias para o grupo e o trabalho fazia cada vez mais sentido para elas.

Confeccionar bonecos, dar nomes a eles, dizer onde moram, o que gostam de fazer, o que não gostam, fazer certidões de nascimento, colocar movimentos e voz, transformá-los em personagens, é fazer com que criem vida.

E que vida é essa? A criança conta sobre o que conhece, sobre suas experiências, sobre aquilo que lhe é importante, fazendo com que os bonecos fiquem carregados de suas necessidades, angústias e alegrias.

A arte de construir bonecos...

A criança que não tem brinquedos os inventa para brincar, pois tudo pode se transformar em um brinquedo: uma régua é presa na tampa da caneta e pronto, um aviãozinho. Assim como tudo pode se transformar num brinquedo, tudo pode se transformar num boneco: num saquinho de pipoca é feita uma carinha, que, quando enfiada na mão, vira um boneco. Brincar, imaginar, criar, fazer, construir, contar, sonhar. Palavras que devem fazer parte da vida de cada criança, de cada pessoa!

A partir da constatação de que boneco cria vida, comecei a utilizá-los terapeuticamente, na clínica psicopedagógica, para que as crianças pudessem expressar, através dele, suas idéias e sentimentos e que isso facilitasse a sua comunicação com as pessoas.

O boneco não é apenas um brinquedo qualquer para a criança. Ele exerce uma ação específica na brincadeira infantil e pode ser utilizado como um valioso instrumento de ação terapêutica e pedagógica.

A utilização dos bonecos na clínica psicopedagógica

Caso Renan: tomando consciência do "EU"

Atendi um menino de 6 anos de idade que apresentava muita dificuldade em articular sua fala, Renan havia feito um trabalho em fonoaudiologia, onde aprendeu como se pronunciavam as palavras. Ainda assim, seu vocabulário era pobre e ele respondia na terceira pessoa: "gosta, quer", o que, junto a outros fatores, fez-me levantar a hipótese de que ele não delimitava a imagem do "eu".

Nas sessões, era difícil estabelecer com ele uma relação e , numa em especial, a dificuldade parecia maior. Tentei ensinar-lhe uma dobradura, mas ele resistiu. Enquanto eu fazia a dobradura ele foi até a estante, pegou uma caixinha de remédio, enfiou um palito de churrasco nela e riscou-a com canetinha. Perguntei a ele se era um bonequinho e ele disse que sim; então comecei a fazer perguntas dirigidas para o boneco que não eram respondidas: Como você chama? O que você está fazendo? O boneco se movimentava para frente e para trás, sendo apenas chacoalhado. Pedi a Renan que dissesse ao seu boneco para

113

Tramas criadoras na construção do "ser si mesmo"

conversar comigo, mas ele somente balbuciava alguma coisa para o boneco e, apesar do esforço que fazia para se comunicar, não conseguia e continuava somente fazendo balançar o boneco.

Percebi que, embora ele deixasse evidente na sua postura um desejo de se comunicar, não possuía recursos para fazê-lo eficientemente.

Incentivando a comunicação, peguei a cara do gatinho que eu havia feito em dobradura e a utilizei para fazer perguntas ao boneco, que começou a responder.

Inicialmente, Renan e o boneco pareciam simbiotizados. A partir da minha mediação, foi surgindo uma separação entre eles. Isso pode ter acontecido pelo fato de Renan me ver separada do meu objeto-boneco. Ele parece ter entendido como podia fazê-lo e, para marcar essa diferenciação Renan-boneco, ele modificava a voz, enquanto fazia seu boneco falar. Achei que seria interessante que confeccionasse um boneco mais elaborado.

Sugeri, então, que ele construísse um boneco enquanto eu construía o meu. Ele esteve bastante envolvido na escolha dos materiais e na montagem do boneco. Quando terminou, foi do lado de fora da sala e, pelo vão da janela começou a encenar com o boneco para mim.

Após algumas sessões, a linguagem de Renan foi se modificando. O "eu " começou a aparecer no seu discurso pela conjugação verbal : gosto, quero. A partir da experiência com os bonecos, Renan pôde se perceber, ele tomou consciência do "eu". O boneco foi terapêutico para Renan, ajudou-o a descentrar, ajudou-o a estabelecer contato com o outro.

"No teatro de bonecos a relação que se estabelece é a da comunicação, onde a criança precisa descentrar para estabelecer contato com o externo, uma manifestação diferente da brincadeira de boneca onde existe somente a relação íntima do sujeito com seu objeto". (Santos, 1998).

Caso Luís: a presença do interlocutor colaborando para a construção de uma linguagem mais coerente

Conquistas semelhantes ao caso de Renan se deram com um adolescente de treze anos, que apresentava uma dificuldade significativa

A arte de construir bonecos...

em se comunicar. Luís não articulava bem as idéias e não concluía um assunto. Sua família não parecia disposta a incentivá-lo no diálogo; portanto, não era um interlocutor que estava interessado verdadeiramente em conversar com ele.

Com a intenção de incentivar comunicações verbais, sugeri a Luís que confeccionasse um boneco e me apresentasse depois. Percebi sua dificuldade em se comunicar verbalmente por intermédio do boneco e pensei em usar a mesma dinâmica usada para as crianças pequenas, ou seja, fazendo perguntas e estabelecendo referências na comunicação. Eis um recorte desse diálogo:

Terapeuta: Quantos anos você tem?
Luís: Um aninho.
T: Com quem você mora?
L: Moro sozinho.
T: E seus pais?
L: Morreram.
T: Como eles morreram?
L: Num acidente.
T: Faz tempo?
L: Faz , uns cinco anos.
T: Nossa, então você não tinha nem nascido!
L: (Silêncio) Faz quase um ano.

Luís teve a oportunidade de vivenciar ali uma situação de conflito em seu raciocínio lógico. Percebeu que sua resposta em relação a quanto tempo fazia que seus pais tinham morrido, não era adequada e precisou estabelecer uma atitude consciente que articulasse suas idéias. Diante da questão conflituosa, ele "parou para pensar", ele buscou uma solução diferente daquela que não estava mais satisfazendo.

Allessandrini (1996) observa que as situações desafiadoras podem gerar no indivíduo a necessidade interna de romper com os próprios limites, enquanto há movimento em busca do novo.

O objetivo terapêutico, aqui, foi o de flagrar a incoerência e devolver a Luís para que a reformulasse, demonstrando, assim que eu estava atenta à sua mensagem. Essa interferência levou Luís a tomar consciência de sua fala, das suas idéias, de que havia um interlocutor vivo, que se interessava por suas respostas e pelo seu pensamento.

Tramas criadoras na construção do "ser si mesmo"

A consciência é ampliada através da linguagem e é, ao mesmo tempo, produtora de linguagem. É uma consciência de si que se expressa para comunicar. "(…) não é a atividade mental que organiza a expressão, mas, ao contrário, é a expressão que organiza a atividade mental, que modela e determina sua orientação" (Bakhtín 1929:112).

Nas oficinas de bonecos, existe o realizar. Este está ligado a um conhecimento prévio, pois tudo o que a criança já aprendeu, através de suas experiências, é levado em conta. Esse conhecimento vai se ampliando, em função das descobertas e da reflexão.

Caso Roger: percebendo a existência de um leitor

Atendi um outro menino que também apresentava dificuldades na comunicação, embora tivesse uma linguagem oral mais compreensível que a de Luís. Roger tinha 9 anos, na época, e cursava a 3ª série de uma escola particular. Escrevia textos com idéias muito interessantes, mas sem a lógica espaço-temporal. Além disso, ele não achava necessário reler aquilo que havia escrito. Para ele, as coisas funcionavam da seguinte forma: se ele havia entendido, então, estava bom. Roger não levava em conta um leitor virtual.

Numa sessão, confeccionamos um boneco de vara. Roger começou a se relacionar com ele de uma maneira muito intimista, conversava e brincava com o boneco sem solicitar a minha participação. Nós já havíamos preparado um palquinho para a apresentação, mas Roger não entendia como podia fazê-la. Passado algum tempo, eu disse a ele que o boneco havia sido feito para ser usado em uma história que seria apresentada por ele e que eu gostaria de assistir. Nesse momento, ele virou o boneco para mim, escondeu-se atrás do palquinho e realizou uma encenação.

Quando houve a minha intervenção e solicitação para que aquele boneco fosse um personagem e, a partir dele, fosse contada uma história, ajudei Roger a perceber que havia uma terceira pessoa e que precisava ser estabelecida uma nova relação entre essas pessoas. Tal relação modificaria aquela que ele estava tendo com o boneco, incluindo o outro, no caso a minha pessoa, nela.

116

A arte de construir bonecos...

Por meio do teatro de bonecos Roger, pôde perceber que era muito importante outra pessoa entender o que ele estava expressando. Descobriu também que escrever uma história não era simplesmente colocar idéias geniais numa folha de papel. Decorrente dessas percepções, nas sessões que se seguiram, Roger começou a reler os textos que escrevia e a fazer modificações, quando achava necessário.

O texto é uma unidade de sentido com ação contextual, mas verificamos que, quando as crianças constróem textos, tanto na oralidade e mais ainda na escrita, muitas vezes não percebem a relação locutor/ouvinte ou escritor/leitor, pois a comunicação se encontra desarticulada e somente o locutor é capaz de entender. A criança não consegue relatar com clareza, pois, na maioria das vezes, ela não se dá conta de que todas as idéias e passagens que fazem parte de seus pensamentos, não foram colocadas.

A comunicação escrita não é totalmente livre, ela possuí regras internas de textualidade, de coesão, de coerência que precisam ser levadas em conta. Para haver comunicação, o leitor tem de entender o que o escritor está querendo dizer.

A comunicação é experimentada como uma necessidade, como algo que faz sentido. Depois que confeccionam bonecos, crianças e adolescentes sentem prazer em escrever as histórias que vão ser encenadas. Os bonecos têm um significado tão especial para eles que faz sentido escrever, faz sentido comunicar, faz sentido aprender.

Seus textos tornam-se contextualizados com suas experiências, com seus desejos, com suas fantasias e transformam o ato de escrever, muitas vezes tarefeiro, em criador e prazeroso. Há um envolvimento muito grande entre os bonecos criados e suas histórias. Isso é notado desde a escolha do material até a encenação da própria história. Podemos, então, verificar a aprendizagem significativa acontecendo em vários níveis: motor, intelectual e afetivo.

Ainda Roger...

Boneco serve para comunicar, boneco serve para contar, boneco serve para expressar idéias e sentimentos que são difíceis de dizer de outro jeito. Quando as crianças apresentam seus bonecos estão, na verdade, apresentando a si próprias, pois projetam neles suas dificuldades, medos, anseios e desejos.

Tramas criadoras na construção do "ser si mesmo"

As histórias criadas pelas crianças falam sobre as aflições que estão passando no momento, assim como sobre suas conquistas. Podemos, então, fazer uso delas para ajudar a criança a refletir.

Além da dificuldade em se comunicar através da escrita, Roger também apresentava uma dificuldade muito grande em se comunicar nos ambientes sociais, sentia-se rejeitado e incapaz de fazer amigos. Essa rejeição que sentia era um tema que ele recorria em quase todas as sessões e parecia ser um problema que colocava um impasse em suas relações sociais.

Numa das sessões de teatro de bonecos, Roger criou uma historinha utilizando também outros bonecos que eu havia deixado à sua disposição. Na história, seu boneco procurava um amigo e pediu para que eu falasse com os outros bonecos para que aceitassem serem seus amigos. Eu respondi que ele não precisava de mim, que ele poderia fazer isso sozinho e foi o que começou a fazer, na apresentação e na vida real.

Por intermédio da encenação, Roger foi percebendo que era capaz de se aproximar das pessoas e descobriu várias possibilidades para fazer isso. Quando começou a fazer amigos na escola, perguntei como tinha conseguido e ele respondeu: "Eu conquistei ".

"Sujeitos com dificuldades na comunicação podem se beneficiar muito das oficinas de bonecos, pois podem falar através deles. Muitas vezes é mais fácil falar por intermédio do boneco o que acha difícil dizer diretamente. O boneco proporciona um certo distanciamento e a criança sente-se mais segura em revelar, dessa forma, alguns de seus pensamentos mais íntimos " (Santos, 1998).

O boneco é, para a criança, um ser meio mágico, um meio encantado. E por que ocorre esse encantamento ? Talvez porque a criança projete nele, experiências vividas; talvez porque reproduza a sua própria vida; talvez porque, através dele, consiga recriar situações difíceis, pois as revive de uma outra maneira, revive na fantasia. O boneco é experimentado como uma brincadeira simbólica que permite que a criança viva a fantasia, sabendo que é fantasia e retorne para a realidade, quando se fizer necessário.

A arte de construir bonecos...

Para Oliveira,1992, a brincadeira simbólica leva a criança a organizar a sua história de vida e a coordenar os seus esquemas, possibilitando, assim, a emergência dos afetos. Quando a criança percebe que é um ser agente e criativo, ela se abre e interage com o meio, mantendo uma linha flexível nessa interação, pois não perde a própria individualidade.

Brincar com bonecos comprados teriam os mesmos efeitos terapêuticos do que trabalhar com bonecos confeccionados pela própria criança? Qual a diferença entre comprar boneca "Barbie" numa loja e confeccionar seu próprio boneco?

A criança também se projeta nos bonecos comprados, mas estes possuem limitações: sua aparência e movimentos não condizem com àquelas que as crianças gostariam de expressar. Rabiscar o rosto dos bonecos, cortar seus cabelos, trocar suas cabeças, talvez seja uma tentativa de transformá-los em objeto de identificação. Muitas vezes, esses bonecos são estereótipos nos quais as crianças tentam se "encaixar", mesmo não atendendo às suas necessidades mais internas. Já os bonecos confeccionados, são elaborados plasticamente, conforme os desejos de seu criador.

Quando a pessoa se expressa plasticamente, a imagem criada traz elementos de seu universo pessoal. Observando, então, o produto da criação, a pessoa é auxiliada a ver e a dizer coisas de si própria, observando-se mais. A criança projeta suas experiências nos objetos, o que permite recriar aquilo que é difícil de assimilar. O boneco, sendo um objeto de projeção, ajuda na resolução de conflitos.

As oficinas em grupos

Integrando crianças com necessidades especiais

Tive a oportunidade de realizar uma experiência maravilhosa com um grupo de mais ou menos cinqüenta crianças com deficiências físicas, de uma instituição de São Paulo, a maioria tinha paralisia cerebral. Além do nosso grupo formado por oito mulheres que iriam dirigir a vivência, também estavam presentes, para dar uma assistência, os pais e profissionais da instituição.

Tramas criadoras na construção do "ser si mesmo"

A atividade começou com a entrega de trouxinhas que preparamos previamente. Essas continham uma bolinha de isopor embrulhada em um pedaço de tecido com um palitinho de sorvete preso no nozinho do tecido. Cada criança recebeu uma trouxinha e foi orientada a não desembrulhá-la, o que despertou a curiosidade entre elas.

Depois de todos terem recebido as trouxinhas, pedimos que as desembrulhassem e começamos a explorar cada material através dos sentidos; passando o tecido pelo rosto, soltado-o no ar, cheirando-o, sentindo a bolinha passando pelo corpo e emitindo sons com o palitinho. Essa etapa do trabalho recebeu o auxílio dos pais das crianças, já que elas não conseguiam experimentar sozinhas pelas dificuldades motoras que apresentavam. Esse material foi utilizado para que o contato e a comunicação pudessem ser estabelecidos através dos sentidos.

Após a exploração desses materiais, começamos a contar uma historia na qual a bolinha, o paninho e o palitinho se encontravam e formavam um bonequinho. Enquanto montávamos o nosso boneco, as crianças, e os pais iam montando os deles e começando a participar da história. Sugerimos, então, que os bonequinhos ganhassem rostos e eles, utilizando canetinha fizeram olhos, boca, nariz, cabelo. Depois deram nome e estabeleceram uma conversa entre eles.

Cada um começou a movimentar-se junto do seu boneco, ampliando seus próprios gestos. Possibilidades foram descobertas e a comunicação foi estabelecida com o boneco e, através dele, com os outros integrantes do grupo.

Foi fantástico! Eram pais, crianças, adolescentes, adultos, terapeutas e professores, todos envolvidos brincando com seus bonecos, dando vozes e movimentos a eles, autores de sua própria criação. Bonecos que, de longe, eram muito semelhantes entre si, mas de perto eram tão diferentes: cada boneco contava um pouco da história de seu criador e era carregado de vida, de ódio, de amor, de compaixão...

Os adultos e os bonecos

Outro trabalho que venho realizando é com oficinas para adultos. Delas participam, principalmente, educadores e psicopedagogos. Nessas

A arte de construir bonecos...

oficinas, como no relato anterior, ocorre a ampliação de movimentos e da comunicação com os outros participantes do grupo. Constatei que a timidez que esta presente no início vai sendo quebrada na medida em que os bonecos são confeccionados.

As pessoas vão se soltando cada vez mais, partilhando descobertas e colocando em seus bonecos várias facetas de si mesmas, por exemplo, um lado cômico de si, muitas vezes, adormecidos. Aquele lado que deseja aparecer, que se faça efetivamente presente, é conquistado através do boneco. Vozes saem harmoniosamente, o corpo dança... É um novo contato com o mundo.

"Ao contatar o mundo que o rodeia, o indivíduo é convidado pela vida continuamente a viver o novo, a fazer novas escolhas, tomar decisões, adentrar mistérios, caminhos desconhecidos, estabelecer novas relações e descortinar novos horizontes" (Ciornai, 1995: 50).

Nas crianças o lúdico está presente naturalmente, no adulto, está adormecido. Mas agora nós conhecemos o boneco e sabemos que ele tem o poder de permitir, também nos adultos, a emersão desse lúdico. O boneco liberta, o boneco permeia o sensível, o boneco transpassa os limites, o boneco transforma. O boneco pode ter cabelo azul, cantar uma ópera, ser o chato da turma, ter voz de "taquara rachada". Qual de nós não se sentiria bem se tivesse a oportunidade de ter total comando de algo, de um objeto que é a representação de nós mesmos, sem censuras?

Expressar os próprios sentimentos e emoções traz uma grande satisfação, pois ajuda a pessoa a tomar consciência de sua importância, através de um realizar que é seu. Oferecer essa oportunidade é quase que uma missão, já que, nos dias de hoje, as pessoas estão perdendo cada vez mais a identificação com o que fazem.

Ampliando as relações sociais

O boneco pode tornar-se uma ampliação do "eu " no mundo, podendo, então, abranger o "outro". A partir do momento que um personagem está se apresentando, está estabelecendo contato com o outro, está se ampliando para ser reconhecido e para reconhecer o outro. Então, as oficinas realizadas em grupo podem desempenhar um papel importante no desenvolvimento social.

Tramas criadoras na construção do "ser si mesmo"

As oficinas proporcionam uma troca de experiências onde cada um pode cooperar. Esse sentimento de consciência social leva a criança a perceber sua contribuição pessoal e à compreensão de um mundo mais amplo ao seu redor. A criança pode aprender como viver de forma cooperativa, na sociedade.

Quando as crianças participam de um grupo para realizarem uma apresentação, participam de "um jogo de trocas onde cada um quer expressar suas idéias e aprende a ouvir. Na história grupal é necessário partir-se do ponto de vista do outro... " (Santos, 1998).

Ouvir o outro é uma aprendizagem que poucos conquistaram. Nas oficinas de bonecos, tanto crianças como adolescentes e adultos têm de aprender a ouvir, têm de respeitar as idéias do outro, têm de olhar sobre o ponto de vista do outro. As crianças, muitas vezes, discutem entre si, cada uma quer que sua idéia prevaleça, porque a considera melhor; algumas vezes, brigam, mas, na maioria das vezes, conseguem chegar num acordo.

Assim como a criança precisa aprender a ouvir, precisa também conquistar o direito a ser ouvida. Para ser ouvido deve-se levar em conta o outro, despertando interesse no que se tem a dizer. A criança que desenvolve a aprendizagem da comunicação, sabendo ouvir e ser ouvida, aprende também a argumentar, utilizando-se de experiências, de aprendizagens e de raciocínio para se fazer valer de suas idéias.

É normal ocorrerem desacordos entre as crianças, pois elas ainda estão saindo de seu egocentrismo natural, mas o exercício da ampliação de si mesmas deve ser proporcionado sempre. O contato com manifestações diferentes das suas, de modos de pensar distintos dos seus, leva ao reconhecimento de que diferenças existem e que devem ser respeitadas.

Ao participarem de atividades teatrais a criança e o adolescente precisam estabelecer relações entre o pensamento delas e o do grupo, participando de forma responsável da elaboração do projeto.

Atividades em grupo como a construção de um teatro de bonecos, auxiliam na formação de uma pessoa que saberá argumentar e contra argumentar. O contra argumento exige uma capacidade de reelaboração do argumento, exige que o pensamento seja flexível o suficiente para ir

A arte de construir bonecos...

e vir, para re-olhar, para buscar em outras experiências e aprendizagens aquilo que fará com que suas idéias tenham força o suficiente para serem aceitas. Esse processo também é necessário quando se constrói um texto.

Crianças que ainda não desenvolveram essas capacidades necessitam ser encorajadas a desenvolvê-las, necessitam encontrar um espaço seguro para aprenderem. É extremamente importante assegurar um espaço de respeito e confiança para que suas experiências possam ser positivas e, oportunizando-as, ajudamos a criança a ir se inteirando e sentindo-se segura, podendo, assim, ampliar sua capacidade de exploração.

A participação, a cooperação e o diálogo são capacidades que conquistamos no decorrer de uma existência, mas, para isso, é preciso, desde cedo, participar de situações que facilitem esse processo. Explorando, organizando, experimentando, reorganizando, a criança estará agindo e interagindo consigo própria e com o outro.

As oficinas de bonecos – etapas do trabalho

O trabalho com bonecos pode ser realizado de diversas maneiras e situações para fins diferentes. Existem vários tipos de bonecos: fantoches de luva ou de dedo, marionete plana (geralmente utilizada no teatro de sombra), boneco de vara etc. Escolhi descrever uma proposta de oficina de boneco de vara, pois o material utilizado e sua realização são relativamente simples; além disso, pode ser adaptada para diferentes contextos.

Confecção do boneco

A confecção do boneco precisa seguir algumas etapas que descrevo aqui e estão configuradas a seguir:

1. A primeira etapa é a da confecção da cabeça que pode ser feita com materiais diversos: bolas de isopor pintadas ou recobertas com tecido; papelão que possibilite formas cilíndricas ou cônicas; garrafas plásticas ou saquinhos de pipoca. Os olhos, boca, nariz, orelhas, cabelos etc. podem ser confeccionados com papel machê, feltro, rolhas, botões e lã. A cabeça é presa num bastão de madeira (25 cm de comprimento).

123

Tramas criadoras na construção do "ser si mesmo"

Ao confeccionar a cabeça, é necessário pensar nas proporções desses elementos e na expressão fisionômica que o personagem terá. Nessa fase, percebemos que o personagem começa vir à mente da pessoa e vai se configurando pela escolha e colocação de cada detalhe. Podemos, assim, observar a relação entre a intenção e o resultado.

2. A expressão do corpo será dada pela vestimenta. É importante que o tecido seja amplo para criar gestos grandes (cerca de 65 cm de largura por 50 cm de altura). É interessante que se possa escolher o tecido numa diversidade grande. O tecido é dobrado ao meio e, no centro da dobra, faz-se um pequeno furo para passar o bastão. O tecido é sustentado pelos ombros (papelão recortado em oval e colocado no bastão depois do tecido). Posteriormente podem ser feitos detalhes como bolsos, botões, lenços etc.

Durante a confecção do corpo, observamos que a escolha e colocação dos materiais é pensada em função da cabeça que começou a caracterizar o personagem. Ocorre o encadeamento de idéias, onde os materiais propiciam que esse personagem se caracterize cada vez mais; podemos, então, notar o cuidado com a escolha e utilização dos materiais, a antecipação das possibilidades e a adequação à vestimenta.

3. Depois é a vez das mãozinhas. Elas podem ser feitas em papelão ou papel machê. São coladas ou grampeadas às varetas e presas às dobras do tecido-corpo. São as mãos a parte que dará maior expressividade ao boneco de vara.

É na manipulação do boneco que se estabelece o contato com a expressão corporal do personagem. A movimentação é dada de acordo com suas características e com seus sentimentos: Por exemplo, se o personagem for uma velha bruxa sua movimentação será diferente da movimentação de um anjo; o personagem que está sentindo uma grande alegria tem um gesto diferente daquele que está com raiva.

É necessária uma consciência corporal para que o boneco expresse as características e sentimentos que se deseja expressar. Antes de explorarem os gestos no boneco, peço às crianças que façam gestos com seus próprios corpos e fiquem atentas a eles. Depois de explorarem movimentos em seus corpos é importante que elas explorem e observem os movimentos que são possíveis de serem conduzidos no boneco.

A arte de construir bonecos...

Ao movimentar o boneco, a pessoa percebe a diferenciação entre o gesto dele e o seu próprio gesto; percebe que não é necessário que corra para fazer seu boneco correr. Para isso é necessária uma atitude consciente do ator-manipulador.

Confecção do boneco

Materiais:

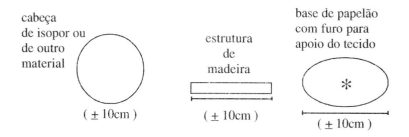

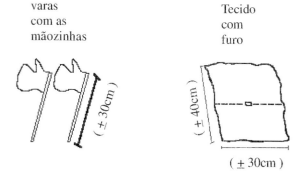

Como fazer:

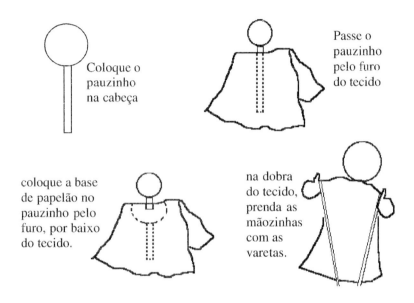

Apresentação do personagem e construção da história

Durante a apresentação do personagem, seu caráter é identificado e o que acontecerá com ele já começa a ser imaginado. O orientador pode sugerir que o personagem seja apresentado dizendo seu nome, idade, sexo; se é animal, pessoa; o que faz, do que gosta etc. A pessoa apresenta o seu boneco colocando uma voz e um jeito de falar. É nessa transposição para a linguagem verbal que tudo o que foi feito até aqui será resignificado.

Após a apresentação é o momento da história onde ocorrerá uma nova resignificação. O momento de resignificar é aquele em que se possibilita a reorganização, é a reestruturação. "É o momento em que se pode trabalhar, de modo mais diretivo e estruturado os recursos técnicos

A arte de construir bonecos...

necessários ao aperfeiçoamento da linguagem oral e escrita, associados aos processos de raciocínio e de operacionalização do pensamento "(Allessandrini, 1996: 15).

Se estivermos trabalhando individualmente, podemos sugerir à pessoa que crie uma história ou podemos criar uma com ela, dependendo da situação, da necessidade e do desejo do indivíduo.

Se o trabalho for em grupo, podemos pedir que seja observada a apresentação de cada personagem e depois seja criada uma história pelo grupo. Se o grupo for grande, as pessoas podem escolher trabalhar com aqueles participantes cujos personagens sentiram mais afinidade. Na história, é importante que os personagens não percam suas características e que todos participem de alguma forma.

Com crianças, o orientador pode dar algumas indicações para facilitar o trabalho, perguntando a época a o lugar em que ocorreu a história, qual foi o conflito.

Se o grupo for de adolescentes, temas geradores como conteúdos de alguma matéria ou questões que estão sendo vistas pelo grupo podem ser sugeridos e também trabalhados. Essa é uma atividade que também abrange uma proposta interdisciplinar, onde se tem a oportunidade de conhecer o ponto de vista de cada pessoa, de cada grupo. "Problemáticas, discussões coletivas, e reflexões na busca de soluções adequadas podem ter valor construtivo para o grupo " (Santos, 1997).

Apresentação da história

Agora é o momento de pensar em como a história será apresentada. Como será o cenário e que outros elementos farão parte da história são questões a serem resolvidas nesse momento. É interessante que o orientador ofereça músicas gravadas e materiais que produzam sons, assim como materiais para o cenário e para a confecção de objetos que serão utilizados pelos personagens. No grupo, cada um participa do jeito que mais lhe agrada: desenhando, pintando, pesquisando sons. Há uma compreensão da importância e do valor de cada um.

Depois de tudo pronto, chega o momento da encenação onde personagens, texto e cenário serão usados agora para uma representação

Tramas criadoras na construção do "ser si mesmo"

e levados ao público, promovendo uma nova resignificação. A representação ocorre num contexto diferente daquele experimentado anteriormente, provavelmente algo ocorrerá diferente daquilo que a pessoas imaginou e organizou pois, na encenação, outros fatores devem ser considerados, como por exemplo, a presença de um público. Esse contexto vai exigir da pessoa uma não rigidez, para poder lidar também com as frustrações.

É extremamente importante que todo o processo seja avaliado por quem dele participou, pois é o momento em que cada um pode contar como sentiu, do que gostou mais , o que foi difícil e o que aprendeu.

Essa proposta com oficina de bonecos permite uma flexibilidade de pensamento, na qual se está sempre elaborando e reelaborando, definindo e redefinindo, criando e recriando as situações.

O que podemos conquistar

Trabalhar com bonecos tem sido para mim uma experiência reveladora. Cada vez que alguém constrói um boneco , "dá vida" a ele e aprende com ele, proporciona-me uma nova aprendizagem. Os bonecos têm muito a nos contar. Na verdade, as pessoas é que têm muito a nos contar e o boneco faz a mediação.

Penso que o maior valor desse tipo de proposta é a oportunidade que se cria da relação: RELAÇÃO CONSIGO PRÓPRIO e RELAÇÃO COM O MUNDO. Relação consigo próprio porque, ao confeccionar e caracterizar um boneco, é necessário que se estabeleça contato com o "eu " por meio das escolhas pessoais que vão de encontro aos desejos internos. Relação com o mundo, pois também é necessário o entrar em contato com o "outro ", esta ocorre nos momentos de apresentação: quando o interlocutor é presenciado ou quando as decisões devem ser tomadas em grupo.

Esse trabalho percorre um caminho que ultrapassa simplesmente o propiciar das relações, ele possibilita o ENTRE. Estar EM relação é permitir que a presença do "eu " e do "outro " ocorram ao mesmo tempo. É permitir a presença de um ser e que esse ser se volte para si sem perder o contato com outro. É permitir que esse ser se direcione para o outro sem perder a autonomia.

A arte de construir bonecos...

Nas novas propostas educativas, observamos a intenção da busca de um indivíduo autônomo, e mais, de um cidadão consciente de seu mundo e do papel que pode desempenhar na transformação deste. É um pensar na formação de pessoas que olhem a frente de seus próprios muros e que vislumbrem novos horizontes. Propostas como as do boneco, que facilitam o encontro do sujeito consigo e com o outro, são muito bem vindas na busca destes objetivos.

Entrar em contato... relacionar-se... aprender o mundo... Como psicopedagoga busco propostas que se aproximem desse aprender. Ao confeccionar um boneco, ao construir um personagem ou uma história, muito da expressão criadora está sendo desenvolvida. Nesse ato criativo, estão implícitas as capacidades de relacionar, ordenar, configurar e significar. Capacidades essenciais para a aprendizagem e que se apresentam como incapacidades na criança que não aprende. Será que essas crianças são mesmo incapazes? Ou será que estão impossibilitadas de se desenvolverem?

Infelizmente, a maioria dessas crianças são vistas como incapazes e também se sentem assim. Precisamos transformar esses pré-conceitos, precisamos possibilitar que a experimentação, a imaginação e a invenção sejam vivenciadas para a criação de novas alternativas, de um novo pensar.

"No espaço psicopedagógico pretendemos que o sujeito transforme o que pensa de si (o não sei, o não consigo, o não posso) descobrindo e utilizando recursos internos, envolvendo-se nas propostas e atuando em seu processo de aprendizagem. As oficinas com bonecos podem ser grandes facilitadoras desse processo" (Santos ,1997).

A pessoa que tem a oportunidade de criar, apresenta uma melhor flexibilidade de pensamento, fator necessário na aprendizagem de conteúdos e nas soluções perante as dificuldades da vida. Cada um torna-se capaz de buscar estratégias pessoais para aprender e buscar alternativas adequadas para suas próprias questões.

Descobrir suas próprias possibilidades, encorajar-se, realizar, expressar idéias e sentimentos, criar: este é o caminho que leva à autonomia.

Todo indivíduo tem o direito de se expressar. Crianças com dificuldades em aprender, em se relacionar, pessoas que necessitam

Tramas criadoras na construção do "ser si mesmo"

atenção especial, jovens, velhos, todos podem e devem procurar meios para suas realizações. A história do boneco pode passar a ser, não somente uma história, mas sim realizações verdadeiras que todos nós temos capacidade de construir.

Acredito em um ser humano que possui potenciais. Na maior parte, esse ser humano se desconhece, não reconhecendo, assim, seus potenciais. Está no trabalho de educadores e terapeutas facilitar o processo do outro, mostrar o caminho que só pode ser percorrido pelo outro, oferecendo suporte para que isso ocorra.

Criar, recriar, buscar soluções, entrar em contato, relacionar-se, aprender com o outro, ir ao encontro do outro. Será que já não podemos começar a lançar sementes nessa sociedade tão tecnológica, imediatista e individualista?

Referências Bibliográficas

ALLESSANDRINI, C. D. *Oficina Criativa e Psicopedagogia*. São Paulo: Casa do Psicólogo, 1996.

AMARAL, A. M. *Teatro de Formas Animadas*. São Paulo: EDUSP, 1991.

BAKHTÍN, M. *Marxismo e Filosofia da Linguagem*. Editora Hucitec, 1929.

CIORNAI, S. Arte terapia: O Resgate da Criatividade da Vida. In CARVALHO. M. M. (coord.) *A Arte Cura?* Campinas: Editorial Psy II.

KRAMER, E. Art as Therapy with Children. Schocken Books, NY.

LOWENFELD, V. & BRITTAIN, W. L. (1947). *Desenvolvimento da Capacidade Criadora*. TRAD. Álvaro Cabral. São Paulo: Editora Mestre Jou, 1970.

MACEDO, L. *Ensaios Construtivistas*. São Paulo: Casa do Psicólogo, 1994.

MEC (Ministério da Educação e Cultura) – *Parâmetros Curriculares Nacionais: Apresentação dos Temas Transversais*. Brasília: MEC/SEF, 1997.

OAKLANDER, V. (1978). *Descobrindo Crianças – A Abordagem Gestáltica com Crianças e Adolescentes*. TRAD. George Scglesinger. São Paulo: Editora Summus, 1980.

OLIVEIRA, V. B. *O Símbolo e o Brinquedo*. Petrópolis: Vozes, 1992.

OSTROWER, F. (1977). *Criatividade e Processos de Criação*. Petrópolis: Vozes, 1987.

PAIN, S & JARREAU, G (1994). *Teoria e Técnica da Arte-Terapia – A Compreensão do Sujeito*. TRAD. Rosana Severino Di Leone. Porto Alegre: Artes Médicas, 1996.

SANTOS, D. P. A Oficina de Bonecos como Instrumento Psicopedagógico na Construção de Textos. Em *Psicopedagogia, Revista da Associação de Psicopedagogia,* vol. 17, n.º 44. p.26-28, São Paulo: 1998.

Oficina criativa com portadores de deficiência mental

7

JÚLIA REGINA DE MIRANDA KLEINER

Este relato visa compartilhar um trabalho de Oficina Criativa com adolescentes portadores de deficiência mental – D.M. – severa, na perspectiva de perceber o que mobiliza em termos de aprendizagem nesse jovem e em nós .

O recurso expressivo utilizado em nosso trabalho, que escolhemos para relatar, é muito simples: papel pardo e guache.

O elemento básico mobilizado é a surpresa, porém todo o desenvolvimento da atividade é uma grande oficina psicomotora, perceptiva, afetiva e emocional.

A experiência no Centro Municipal de Habilitação e Reabilitação Arco-Íris[3]

Como é uma pessoa portadora de deficiência mental severa (ou grave[4])? O que podemos fazer por ela e com ela? O que mobiliza em nós? A Arte é um recurso possível?

---

3. Arco-Íris é uma instituição municipal, fundada em março de 1992, que atende a portadores de deficiências, moradores no município. Atende deficiência mental do leve ao severo na instituição e profundos em visitas domiciliares; e acompanha deficiente auditivo e físico com dificuldade de adaptação ao ensino regular. Atende também casos de deficiências múltiplas. Possui a escola, a oficina ocupacional e o ambulatório com as terapias. É mantida pela Prefeitura de Itapecerica da Serra e isso é um empreendimento corajoso, pois é uma cidade com baixa renda e este atendimento demanda muito recurso. Tem uma equipe com cinqüenta funcionários atendendo a 550 pessoas por mês.

4. Termo que foi recentemente modificado pela Organização Mundial de Saúde. Ainda é mais conhecido o termo deficiência mental severa (D.M.severo) do que o atual (D.M.grave) (CID-1998).

Tramas criadoras na construção do "ser si mesmo"

Tudo depende dos princípios que nos regem e que se expressam em nosso trabalho. Essa expressão muda, transforma-se sempre e os valores se ampliam e se aprofundam.

Tudo começou quando, em nossa instituição, o Arco-Íris, havia sempre as crianças mais especiais que a "especial", ou seja, os casos difíceis. O trabalho com esta "ponta" leva-nos a viver o diferente no diferente, e, portanto, a procurar outros recursos.

Duas coisas básicas entram em crise rapidamente: a percepção do tempo e o resgate do sentido de alma humana.

Dessa experiência, ao longo dos anos, nasceu uma enorme necessidade de se viver momentos felizes e belos com esse número de casos. Viver o belo, sentir-se feliz e satisfeito, é uma experiência de linguagem traduzida pela arte. É através dela que podemos satisfazer essa necessidade e resgatar nossa alma.

O tempo do D.M. severo não é o nosso, de forma alguma! Quando suportamos viver de forma atemporal por minutos e sentimos prazer livre e verdadeiro, por instantes que seja, aí está o fôlego, o amor, a entrega, a confiança maior que nos impulsiona nesse trabalho. Compartilhar esse "dedinho de prosa" é a motivação deste escrito.

Falando da Deficiência

Cognitivamente o portador de D.M. severa é bastante prejudicado se comparado ao padrão de normalidade. Ele parece mais ou menos uma criança pequena, em termos de jeito de compreender o mundo. As dificuldades de coordenação motora, fala, afinamento das percepções dos órgãos de sentido e de expressão, em geral são diferenciadas de caso a caso.

Em geral, sabemos que uma pessoa é portadora de D.M. severa pelo grau de dependência, que no caso é bem grande. Na verdade, dizer que o D.M. severo é como uma criança pequena, não é bem uma verdade. Na prática, essa afirmação fica um tanto quanto esquisita. Podemos dizer que ele apresenta uma idade cronológica, outra idade no desenvolvimento do corpo físico, outra idade no emocional, outra em suas habilidades sociais e uma idade no seu jeito de pensar e compreender o mundo[*].

---

[*] Associação Beneficente Gepeto - grupo especializado em Pedagogia Terapêutica e ocupacional. Referências bibliográficas em cursos ministrados pela associação - 1999.

Oficina criativa com portadores de deficiência mental

Em suma, podemos ver que cada um não se desenvolve de forma homogênea; por vezes o aspecto motor representa uma idade (não a cronológica), melhor que as outras áreas. Às vezes a fala está mais preservada: temos, então, um jovem falante que conta tudo o que aconteceu no fim de semana, mas sem temporalidade, com pouca estruturação frasal, enfim, há uma enxurrada de informações nas frases curtas e justapostas.

É mais comum, nos casos do Arco-Íris, ter justamente a fala muito prejudicada. Mas podem acontecer outras manifestações. De repente, esse jovem monta e desmonta jogos de encaixe e até parafusa ruelas de brinquedos e isso não combina com suas idades nas outras áreas!

Temos um jovem com D.M. profunda (mais grave, é dependência total) que não fala, não interage, porém, com um giz na mão, desenha na lousa figuras humanas, em nível de "badamecos": com cabeça, olho, boca, cabelo, pernas e braços. Ficamos muito perplexos ao ver isto. Surpresas como estas fazem com que mudemos o nosso olhar.

De fato temos áreas cerebrais específicas que se expressam nas inteligências múltiplas, porém inteligência é a articulação, ou seja, entradas, saídas e transformações dessa complexa rede de interações. O fato de desenhar bem, nesses quadros, ou de cantar músicas em inglês (outro caso D.M. severo) ou saber o nome de tudo quanto é país (outro caso, D.M. leve) ou até de ter uma musicalidade e uma capacidade de marcar o ritmo com qualquer latinha (outra, D.M. leve), não muda o fato de serem portadores de deficiência, e de necessitarem de cuidados especiais durante toda a vida. São habilidades de áreas que "escaparam" do quadro em sua globalidade pois permanecem intactas, mas não se tornam úteis no sentido de ajudá-los em sua independência e em sua adaptação social.

Lembrando Piaget, é como se eles captassem e tivessem entrada de algumas coisas que acontecem no mundo (assimilam), mas não processam (não acomodam) e por isso não respondem.

Entretanto eles sentem e se expressam do seu jeito. Desta forma, se L. acalma-se e é feliz ao desenhar na lousa, ótimo. O mesmo se passa quando a proposta é cantar em inglês, ao som de fundo do batuque do companheiro, e isso já é satisfatório. Dessa forma, vivemos alegria na instituição e eles sentem-se mais felizes, valorizados e aceitos. O principal é a mudança de clima no decorrer das atividades. O ambiente fica muito

Tramas criadoras na construção do "ser si mesmo"

mais propiciador de crescimentos pessoais prazerosos que alimentam a alma.

Assim, explicar como funciona essa deficiência é, na verdade, ver que cada um é único, embora se tenha critérios gerais normativos que classificam e aparentemente definem. Cabe a nós, em cada caso, descobrir quais os melhores canais para estabelecermos vínculo e comunicação.

Nosso objetivo, no global, tem sido ampliar a comunicação, a interação interpessoal e grupal de cada um dos nossos jovens de modo que eles sejam felizes. Ser Feliz, apenas feliz!

Recursos de arte

Com papel pardo ou outro que seja resistente cortado em tamanho A3, tinta guache, pincel n° 20/22 ou meia bucha macia, pode-se incentivar o jovem a pintar ou a fazer batuque com a bucha na região central do papel. Depois pede-se para ele fechar o papel, bater sua mão sobre a folha fechada e abrir para ver o que acontece. Os efeitos são semelhantes àqueles borrões das pranchas do teste Rorschach.

Um dos elementos que se trabalha nesta atividade é a surpresa: *"faço algo que já é interessante em si mesmo (pintar o papel), tenho outra ação que é dobrar o papel e batucar. Abro o papel e tenho uma imagem que realmente fica bonita".* É uma cadeia de ações inter relacionadas. Viver essa experiência, é contribuir para o desenvolvimento de D.M. severo que justamente tem grande dificuldade nesse sentido, ou seja, de estabelecer relações.

Variações: podemos usar uma cor clara como o amarelo em abundância na primeira vez, e depois repetir novamente a série toda, usando um pouco de outra cor por exemplo o vermelho ou o azul. O efeito é o casamento das cores, o que produz uma outra configuração final, e uma nova cor nasce da mistura no papel.

Observação: se usarmos mais cores que as básicas: amarelo, azul, vermelho e branco (o preto não utilizamos) obteremos efeitos mais densos, o que nem sempre é desejável. Em geral não fica harmônico e no trabalho com o portador de deficiência nessa gravidade, nós precisamos mediar bastante, de modo a garantir o belo por ele.

Oficina criativa com portadores de deficiência mental

A impressão que este jovem tem não é como a nossa, de forma alguma, porque os seus parâmetros são diferentes do nosso. Ele não vê o que percebemos, daí a importância de não sobrecarregarmos qualquer atividade com muitas variáveis. Por vezes, esse encadear de três ações já representam muitas variáveis para ele lidar.

Nossa sugestão é que observemos e acolhamos a reação de cada jovem. Para um o borrar a folha pode ser o auge da vivência, para outro esse ápice está no dobrar o papel e batucar, pois ele realmente se sente feliz. Já, para outro, esse momento pode estar no abrir a folha e cantar "tchan, tchan, tchan!", ou então se passa ao pendurar o trabalho final no varal e pelejar com o pregador para prendê-lo.

Percebe, querido leitor? Simplesmente abra-se para compreender como este jovem está enxergando e sentindo, procurando reconhecer o que é significativo para ele, e curta isso com ele.

Pensando sobre cada ação

Revendo agora cada parte dessa vivência, podemos refletir e ampliar nosso olhar sobre a compreensão e repercussão de cada ação.

1. Pintar o centro do papel: trabalha com a coordenação motora em si, a cor (eleja uma cor de cada vez), a organização espacial simples (pegar a tinta em x lugar e trazer para o seu papel; pintar o centro do papel); a propriedade: meu papel; o senso de grupo: a tinta está em uma vasilha no meio da mesa e é compartilhada por todo o grupo.

Observar e apontar para os jovens: o efeito da tinta que pingar na mão, acidentes que ocorrerem, etc. Lembramos que tudo é aproveitado positivamente, não como coisas negativas, mesmo se ocorrerem acidentes maiores com o chão ou com a roupa. Sempre é possível consertar e tirar proveito positivo.

2. Dobrar o papel ao meio e batucar nas costas do mesmo: o dobrar é um ato bastante complexo. Pessoalmente não tive, até hoje, um jovem que conseguisse dobrar o papel sem orientação ou, até, sem grande ajuda. Então, encare essa etapa como um trabalho importante. O batucar também é uma ação interessante. Espalmar a mão para bater,

Tramas criadoras na construção do "ser si mesmo"

cobrir a superfície do papel com esse movimento e mesmo perceber se lambuza a mão ou não, é muito interessante. Há jovens que curtem muito essa hora do batuque.

Com a evolução do trabalho no tempo, há ganhos, não só sobre o dobrar papéis, mas notamos que algo repercute em outras ações que utilizam esse esquema cognitivo, de forma bem simples. Claro que, o quanto esse jovem pode assimilar, e o quanto pode formar esquemas aproveitando-o em circunstâncias semelhantes, é relativo. Parece ser algo bem simples, mas leva anos para ser desenvolvido! Não podemos esperar que, no momento seguinte em que repetirmos essa vivência, eles estejam mais independentes. Sem dúvida necessitaremos tutelar a vivência inteirinha novamente. Devemos ficar atentas para garantirmos o prazer, nosso e deles. Assim alimentamos nossa alma e algo mais acontece.

Ao longo do tempo e do trabalho ocorrem, de um modo geral, mudanças de comportamento, estados emocionais e expressão de alegria.

3. Abrir o papel e olhar o efeito: abrir é uma ação em que, pessoalmente, nunca encontrei dificuldade nesses jovens, porém enxergar o efeito... Isso é bastante complexo. De qualquer forma o que eles vêem no papel não é o que vemos, e é muito interessante descobrirmos o que o jovem percebe. Alguns sentem prazer em ver simplesmente o borrão que nasce e cantar o "tchan, tchan, tchan!" O fazer suspense para abrir o papel é uma grande chave dessa fase. É raro terem interesse em olhar o papel do outro, mas há um movimento de observar e de incentivar a abertura da folha: olhamos a ação motora em si e rimos bastante desse brincar de surpresa.

Variações: realizar o processo novamente com a mesma folha, já pintada com uma cor, usando agora outra cor em pouca quantidade de modo que dê uma boa mistura Por exemplo: amarelo com gotas de vermelho, dá laranja, com o azul dá verde. Importa ter o cuidado de deixar um pedaço manchado só com a cor pura para que possam haver tons preservados *versus* áreas com nuances, assim como o nascimento de uma nova cor.

São muitas as variáveis, no final dessa segunda etapa, e podemos explorá-las percebendo seu efeito sobre o grupo, dando encaminhamento às situações que se apresentarem.

Oficina criativa com portadores de deficiência mental

Essa vivência pode ser repetida muitas vezes seguidas e depois de um tempo, é interessante tornar a fazê-la trabalhando o relembrar, o matar saudade de fazer.... A prancha pronta e seca pode ser transformada, com eles, em quadro com moldura de papelão pintado, papel de presente etc... O que demanda uma outra oficina de trabalho. Podem virar cartão de dias comemorativos, ou então um convite para a família vir comemorar o aniversário deles (em geral, eles sentem que o aniversário de um é sempre vivido como o dele também e todos querem soprar a velinha), ou podem vir comemorar o aniversário de um mascote de pelúcia do grupo e a história desse mascote é outra vivência e outra conversa nossa...

Através da descrição até um pouco longa dessa vivência com arte, com alguns de nossos focos e olhares, o que pretendemos mesmo é sensibilizar o pensar, o sentir e o querer do leitor para com esta realidade. Arriscamos até imaginar que nossa forma de enxergar esse trabalho aumente a sensibilidade na observação do fazer da criança normal, de maneira a poder usar esses mesmos recursos acrescido do encantamento em procurar o momento em que algo nasce. Por exemplo a partir do que parece apenas uma mancha que deixa de ser mancha, para tornar-se um personagem que se encontra com outros das outras folhas do grupo, que entram em movimento no "era uma vez..." e essa é outra Oficina Criativa.

Por vezes, temos convidado outros jovens portadores de D.M. moderada ou leve como ajudantes nosso no grupo de D.M. severa. Isso tem sido positivo e permite-nos dar prosseguimento à nossa proposta como um todo, enriquecendo a dinâmica grupal, de forma a procurar uma nova forma na mancha ou então de transformar toda a mancha em algum objeto ou personagem. Nem sempre há nitidez suficiente para que este jovem possa perceber formas. Às vezes eles só vêem detalhes, outras vezes, com ajuda, olham o todo. Quando é possível para o jovem perceber uma forma, trabalhar-se com o destaque e com o acabamento da mesma. Nessa hora ele sente como uma surpresa... Inicia-se assim outra fase que pode resultar, em outro dia para não cansá-los demais, em uma história escrita com frases simples, baseada nas vivências do seu dia-a-dia.

Conclusão

Falar sobre deficiência mental é compartilhar sentimentos e perguntas. O que nos mobiliza é o desejo de somar reflexões de mais pessoas para

Tramas criadoras na construção do "ser si mesmo"

que todos nós sejamos tocados pelas ondas que emanam dessas emoções e pensamentos.

Na verdade, se faremos essa oficina ou outra, ou se simplesmente vamos brincar de casinha, a questão que importa é o valor interno da experiência, o que a norteia, o que observamos, sentimos, aprendemos sobre eles e sobre nós mesmos.

Quem aprende? Seguramente nós, e muito. E o portador de deficiência mental e os casos profundos ou leves ou de deficientes físico, auditivo, visual, o que aprendem?

Quando uma alma escolhe nascer nesta ou naquela condição é porque, seguramente, tem algo muito importante a desenvolver e a transformar. Em suma, aprender ou apreender.

Existem dimensões de aprendizagem da alma que não conseguimos abarcar com os conhecimentos deste estágio de evolução, porém há verdades muito além do que podemos nos dar conta. Perceber isso nos liberta.

Por isso, se uma alma escolhe uma encarnação dentro desses moldes e dessas limitações – porque é assim que entendemos essa questão – seguramente ela está aprendendo algo que não se encaixa nos nossos padrões de liberdade e de capacidade pessoal. Às vezes sentimos que certos graus de deficiência, ou que um caso específico ao qual nos ligamos e nos "toca" mais, parecem ser almas prisioneiras. Particularmente, quando por vezes ficamos abaladas e sentimos angústia, desejamos que essa alma parta e se liberte dessa condição, porque afinal somos nós quem não aguentamos. Mas, paralelamente, o que sentimos é como um choque de energia que nos leva a uma sensação de atemporalidade que nos remete à clareza de que "está tudo certo", em profundo processo de transformação preciosa, num nível e tempo que não podemos captar. Instantes como esses nos acalmam e nos fortalecem. Por vezes parece que o "choro lava a alma diferente" e é bom deixar isto acontecer. Percepções sutis como essa precisam ser compartilhadas!

Se tudo é regido por uma energia cósmica maior, plena de sabedoria e de amor, então não há encarnação com finalidade negativa, nem há nada sem proveito positivo.

Oficina criativa com portadores de deficiência mental

Se pudermos abarcar um deslumbre dessa sensação, se pudermos perceber que há beleza em tudo, que há leis maiores e belas, e que a feiura é apenas nossa produção "limitada" que também se transforma um dia...

Se trabalhamos nessa área, e/ou somos uma família eleita para receber almas como essas, que têm um jeito especial de evoluir, nós também somos "especiais" e nossos valores internos transformam-se muito.

Pensando em uma família que recebe o portador de deficiência, reconheço a presença de uma sequência de sentimentos que vão do luto até as várias formas de compensação. Os sentimentos de vergonha, de culpa e de castigo aparecem em algum momento da trajetória, e uma série de comportamentos compensatórios desenvolvem-se para que seja possível sobreviver. Afinal aqui está a síntese da grande questão: sobreviver ou viver realmente. Para viver é necessário transformar a presença desse "ser especial" em privilégio, em oportunidade de crescimento e em força de luta. Por isso reafirmo: se somos "escolhidos" para uma experiência é porque somos especiais e porque temos um potencial imenso... Porque nossa alma tem potencial para dar um salto...

Percebem a escolha que todos nós fizemos? Mais do que isto, na Terra escolhemos o nosso jeito de aprender... Enfim, a humanidade somos nós, e escolheremos sempre...

Referências Bibliográficas

ALLESSANDRINI, C. D. (1996). *Oficina Criativa e Psicopedagogia.* São Paulo, Casa do Psicólogo.

HAUSCHKA, M. (1987). *Terapia Artística.* Vol. II – Natureza e tarefa da Pintura Terapêutica. São Paulo, Editora Antroposófica.

HAUSCHKA, M. (1987). *Terapia Artística.* Vol. III – Contribuições para uma Atuação Terapêutica. São Paulo, Editora Antroposófica.

HEIDE, Paul von de (1987). *Terapia Artística.* Vol. I – Introdução aos Fundamentos da Pintura Terapêutica. São Paulo, Editora Antroposófica.

WEIHS, T. J. *Crianças que necessitam cuidados especiais.* São Paulo, Editora Antroposófica.

Projeto Pastorarte: A expressão artística aplicada à terapia como uma forma de promover cura. 8

TEREZINHA S. A. PINHEIRO

O projeto aqui descrito foi realizado na Pastoral da Saúde do Embu das Artes com mulheres que ali trabalham na qualidade de voluntárias. Essa entidade desenvolve projetos humanitários visando ao bem estar da comunidade em geral, principalmente dessas voluntárias. Conta atualmente com mulheres de baixa renda, na maioria donas de casa, aposentadas e outras profissões, além de terapeutas corporais, psicóloga e médico. A saúde é encarada de uma maneira ampla, englobando aspectos tanto físicos como emocionais e espirituais. Nossa "farmacinha", como é denominada carinhosamente, prepara e embala "medicamentos" e chás a base de ervas, orienta sobre métodos de cura natural e busca uma compreensão mais ampla da doença dentro de um contexto holístico.

O objetivo deste projeto é favorecer um espaço de reflexão e troca que permita desenvolver a criatividade, reconhecer as potencialidades inerentes a cada uma, fortalecer a auto confiança e consequentemente possibilitar a apropriação dos recursos pessoais, que são fundamentais no percurso da vida, nem sempre fácil.

Há algum tempo já desenvolvíamos um trabalho terapêutico individual com algumas dessas pessoas. Resolvemos partir para um trabalho grupal com a expectativa de que este potencializasse os processos individuais. Pëtho Sandor afirma o quanto o trabalho em grupo é capaz de amplificar os efeitos dos toques corporais por ele idealizados. Relata que a energia psíquica não resulta apenas da somatória das energias individuais, mas que aumenta de acordo com um cálculo do tipo fatorial (Farah,1995). O cálculo para um grupo como o nosso de 7 pessoas é :

Tramas criadoras na construção do "ser si mesmo"

1x2x3x4x5x6x7=5.040 ou pode-se dizer que o encontro de sete pessoas equivale à energia psíquica gerada por 5.040 encontros individuais.

A idéia de se trabalhar com este grupo numa proposta arte terapêutica surgiu do desejo de experimentar as possibilidades da Arte Terapia e de observar seu alcance, no sentido de esclarecer aquilo que no momento pudesse estar confuso ou inacessível, buscando uma forma e expressão e quem sabe uma nova organização.

Realizamos um total de 12 encontros, de duas horas cada um, uma vez por semana, no decorrer de um semestre.

O grupo foi composto por 7 mulheres na faixa etária entre trinta e sessenta anos. Todas são mães e moram com a família; uma não é casada e duas são viúvas. As queixas em geral levantadas no grupo eram: necessidade de se sentirem compreendidas, solidão, medos em geral e síndrome do pânico, além do desejo de auto conhecimento e troca de experiências.

Descrição do trabalho

Primeiro encontro. Apresentação – Como me apresento para o mundo?

No início conversamos sobre o objetivo deste grupo, as expectativas de cada uma, o sentido dele dentro da Pastoral como prevenção e cura, datas, local, a necessidade do sigilo do material levantado e a importância da arte como forma de auto-expressão e terapia.

Depois, partimos para uma pesquisa junto com o grupo sobre o tipo de material que poderíamos arranjar. O enfoque dessa busca não está na falta do material disponível, mas, sim, no processo de procura que envolve olhar à sua volta e perceber a riqueza de possibilidades que cada uma tem a seu alcance. Basta que se dê uma nova direção para esse "olhar em volta" e o aparentemente inútil torna-se um material perfeitamente apropriado para o ato da criação. Assim também, metaforicamente, elementos de suas personalidades aparentemente inapropriados podem

Projeto Pastorarte...

revelar-se como fundamentais na construção de um "eu" mais harmonioso e integral. Essa intenção faz uma ponte com o objetivo do nosso trabalho: "olhar" para a nossa vida com outros olhos; olhos de quem procura algo que possa ser aproveitado, transformado, incorporado.

Há também o propósito de se trabalhar com materiais que pertençam ao universo dessas pessoas para que mais tarde, elas possam ter fácil acesso aos mesmos.

Todos os encontros sempre são iniciados por algum tipo de trabalho corporal, a fim de mobilizar a energia, bem como fazer uma ponte ou passagem do mundo "lá de fora" e o nosso grupo"aqui dentro". Sempre é observada a disposição geral do grupo no início dos encontros, para a escolha desta atividade.

Vivência corporal (primeiro dia): Andar pela sala

Andando pela sala e observando tudo o que ela contém, mantendo a atenção focada no ambiente e em si mesmas, percebendo seu próprio corpo, suas sensações e as várias relações. Passamos para um relaxamento dirigido, deitadas em colchonetes, enumerando as várias partes do corpo, na direção dos pés à cabeça e por fim, as mãos são colocadas sobre o abdômen ou peito sentindo a respiração e o movimento do corpo.

Vivência: Painel de apresentação

Como me apresento para o mundo ? Conhecendo as companheiras e trazendo os seus aspectos que no momento gostaria de compartilhar com o grupo.

Colocar num grande papel craft (trabalhado em conjunto), figuras, palavras, desenhos, frases, além do nome, idade, estado civil, filhos, local de origem, profissão, hobby etc. Os materiais sugeridos são: giz de cera, lápis de cor, canetinha e revistas. O momento seguinte é o compartilhar as experiências individuais vividas então. No final, pede-se uma palavra de cada uma, referente ao seu processo, finalizando assim esta vivência.

O sentimento de acolhida do grupo e a facilidade do material plástico oferecido propiciaram, já desde o início, a soltura do grupo.

145

Tramas criadoras na construção do "ser si mesmo"

Segundo encontro. *Duplo enfoque: o encontro consigo mesma e com o outro*

Vivência corporal: Relaxamento o "Carimbo" (Farah, 1995).

Vivência: Desenhando em conjunto

Cada uma recebe um sulfite e desenha livremente até um determinado momento, quando é pedido que troquem os papéis e então continuem o desenho da companheira e assim sucessivamente, até terminarem as trocas e cada uma receber novamente o seu desenho inicial já modificado.

Os comentários no final são interessantes. Muitas acham que seu desenho foi melhorado, que acrescentaram elementos que elas não imaginavam, ou que modificaram a idéia inicial, que todos os desenhos adquiriram mais"vida" e que cada uma tinha um modo particular de interferir nos desenhos.

Também notam que é muito bom dividir a responsabilidade do desenho com as outras, principalmente as que afirmam não saberem desenhar.

Terceiro encontro: *Representando a sua família*

Vivência corporal:

I– Perceber a sua maneira característica de andar através da brincadeira de andar de várias formas diferentes. Assim como a caligrafia, a maneira de andar também é única e característica de cada indivíduo, é sua marca registrada e portanto revela elementos importantes de sua personalidade.

II – Auto-massagem nos pés: massagear pontos reflexos nos pés ficando atentas para zonas mais doloridas, procurando dissolver tensões.

Vivência

Refletir sobre sua família, a maneira como se relacionam com cada um de seus familiares, como elas os percebem e os seus sentimentos. Expressar através de um desenho de um animal, planta, objeto etc., o que cada familiar representa para si, ampliando assim a consciência do tema em questão.

Quarto encontro: *A dinâmica do equilíbrio e seu efeito na auto imagem*

Vivência corporal: Balançando de pé (Feldenkrais, 1977)

Experimentar balançar o corpo apoiando-se em diferentes partes da planta do pé até atingir a posição de máximo equilíbrio (dinâmica do equilíbrio). Para Feldenkrais as posturas de estabilidade (por ex. ficar parado em pé), requerem um mínimo de energia e através do movimento consciente podemos chegar a este ajustamento. "A dor (que tanto pode ser de origem física ou emocional) que mina gradativamente a confiança no corpo e no eu, é a causa principal dos desvios da postura ideal. Dor desta natureza reduz o valor do indivíduo a seus próprios olhos. Portanto, ao se trabalhar a postura ideal, estaremos ao mesmo tempo trabalhando a reconquista da boa auto-imagem" (Feldenkrais, 1977).

Vivência: Esfera de argila

Moldar uma esfera, com uma quantidade de argila que caiba nas duas mãos juntas, sem auxílio de nenhum instrumento e sem tocar no chão. O movimento consiste basicamente em passar a argila de uma mão para a outra compactando-a . Quando todas terminam pede-se para fecharem seus olhos e passarem sua esfera para a companheira da direita sentindo a nova esfera que também recebem, as diferenças de peso, temperatura, textura etc. E assim sucessivamente tocando todas as esferas, até que reconhecessem a sua própria esfera de volta.

Tramas criadoras na construção do "ser si mesmo"

Esta vivência promove centramento, pelo tipo do movimento de modelagem sugerido e também pela própria forma geométrica pedida, a esfera, que é uma forma que inconscientemente pode nos remeter ao nosso centro, assim como o princípio das mandalas, que será descrito mais adiante, no texto.

É um processo interessante o reconhecimento da sua própria esfera através da observação acurada do sentir, já que, embora todas tenham a mesma forma, possuem qualidades sensoriais muito diversas, assim como pequenos detalhes que logo revelam a sua procedência. O encontro com sua esfera de argila representa o encontro consigo mesma de uma forma dramática e prazerosa!

Quinto encontro: *O auxílio do grupo para o auto conhecimento*

Vivência corporal:

Massagem nos pés em duplas, de acordo com algumas noções de reflexologia que, de modo sucinto, é o reflexo do corpo todo (órgãos, músculos, ossos etc.) em determinados pontos nos pés.

Vivência: Instalação

Reconhecer a sua maneira própria de ser, sentir, agir e reagir numa construção grupal, observando a sua parcela de responsabilidade (capacidade de responder).

Foram utilizadas todas as sucatas reunidas pelo grupo até o momento. Cada uma selecionou seu material e todas juntas construíram a instalação num contínuo jogo de "tira e põe", "abre e fecha", "monta e desmonta", "age e observa" etc.

No início elas se comportam timidamente, com pequenos movimentos, sem ousar tocar na montagem da outra. Mas com o desenrolar da atividade vão se soltando e com cuidado e respeito vão interferindo nas construções elaboradas pelas companheiras.

Projeto Pastorarte...

Durante todo o tempo são encorajadas a refazerem a instalação, enquanto houver o desejo de modificarem algo. No final pede-se para expressarem graficamente, através do desenho ou pintura, ou mesmo escrevendo, os sentimentos que estiveram presentes em si mesmas.

Foi uma atividade bastante intensa, que promoveu uma boa "mexida" no grupo. Revelam de modo geral o quanto se sentem "tocadas", na medida em que a outra modifica a sua construção. Às vezes percebem que gostariam de modificar algo e alguém o realiza exatamente da mesma forma que imaginavam, ou ao contrário, faz de forma muito diversa e isto lhes provocava uma reação imediata de desfazer e refazer do seu próprio jeito. Às vezes, o movimento é mais direto, forte, incisivo. Às vezes, mais vacilante, tímido, delicado. Fica bastante evidente o quanto esses modos de agir e reagir revelam características peculiares de cada uma, além de levantar uma reflexão sobre sua maneira de agir e reagir em suas vidas, permitindo o reconhecimento de muitos mecanismos internos.

Sexto encontro: *Soltando o movimento e ampliando a expressão*

Vivência corporal: Imaginação ativada

Ao som de várias músicas de rítmos diferentes, propõe-se que pintem um quadro imaginário. Após esta etapa são convidadas a soltar o movimento, andando, dançando e"pintando" toda a sala, conscientizando-se de seu próprio corpo e buscando formas inusitadas de pintar imaginariamente. Então são convidadas a retornarem ao seu quadro imaginário e re-pintá-lo, observando agora a nova qualidade do seu movimento de pintar. Escolher um local da sala para dispor sua obra imaginária.

Vivência

Contornar as mãos de uma companheira, no papel, com lápis grafite e em seguida pintar o contorno de suas próprias mãos delineadas. O trabalho é realizado em conjunto numa grande folha de papel com tintas e canetinhas.

Tramas criadoras na construção do "ser si mesmo"

Ao término do trabalho, devem escolher dentre todas as mãos pintadas, aquela que mais lhe chame a atenção e posicionar-se mais próximo dela, observando aquilo que esta particularmente lhe sugere.

As mãos concentram ao mesmo tempo variados aspectos simbólicos como: afetividade, contato, expressão, atividade, dominação, potência e outros.

Sétimo encontro: *Em busca do seu espaço interno*

Vivência corporal:

Relaxamento inicial conscientizando as várias partes do corpo na direção dos pés à cabeça. No final colocar as mãos no peito e depois no abdomen observando o movimento da respiração.

Passamos para um trabalho de ampliação da respiração através de movimentos de balanço do diafragma (Feldenkrais, 1977, p.134).

Vivência: Fantasia dirigida

De olhos fechados, são convidadas a, imaginariamente,"visitarem" alguns lugares determinados, explorando bem o lado da construção imaginária, onde são acompanhadas até seu próprio espaço, único e pessoal, explorando-o de várias formas. Focando a atenção no sentimento presente neste encontro do próprio espaço, expressá-lo graficamente no papel, utilizando os materiais de sua própria escolha.

O momento final do grupo sempre é o compartilhar dos processos de cada uma. Após realizarmos esta vivência observamos uma abertura do grupo ainda maior, com um aumento do sentimento de cumplicidade. Parece que o espaço de cada uma foi ampliado, arejando o espaço do grupo como um todo. A cada encontro, elas foram colocando-se mais e mais, o que revela a confiança maior no grupo, bem como uma consciência mais ampliada de si mesma.

150

Projeto Pastorarte...

Oitavo encontro: *auto conhecimento*

Vivência: Trabalhar o auto conhecimento com o auxílio de materiais simples.

Cada uma pega um pedaço de barbante do tamanho que lhe satisfaça, percebendo a intenção inicial contida nesta sua ação.

Em seguida ao som de vários rítmos, dançar com o barbante, procurando movimentos diferentes dos habituais e imprimindo formas no barbante as mais diversas possíveis.

A etapa seguinte consiste em molhar o barbante em tintas aguadas e passar no papel, igualmente buscando os movimentos mais diversos possíveis sem preocupação nenhuma com os resultados.

Por fim, foi proposto que colassem o barbante buscando uma forma e pintassem com pincel e tintas.

Há neste trabalho a intenção de que, mesmo que já possuam uma idéia inicial, possam, brincando, descobrir novas idéias e maneiras de realizá-las. O pensamento criativo não é só construtivo. Em determinadas circunstâncias, pode ser destrutivo também. "Frequentemente é preciso quebrar um padrão para descobrir outro" (Oech, 1983).

Nono encontro: *Trabalhando as dificuldades internas.*

Vivência corporal:

Dança circular indígena – promove principalmente grande mobilização da energia telúrica.

Vivência: Argila dura

Cada uma recebe um tanto de argila que caiba em suas mãos e somente através do amassar e bater, devem amolecer essa argila, podendo usar

Tramas criadoras na construção do "ser si mesmo"

um pouco de água, mas nenhum instrumento. Durante esse trabalho, pede-se que entrem em contato com a dificuldade da atividade proposta, e observem os sentimentos, as lembranças, as memórias que surgem a partir dela, mantendo um diálogo interno e percebendo os vários lados que todos temos.

Após o amolecimento da argila, separá-la em duas partes e dar forma a cada uma delas. Em seguida montar um diálogo entre essas peças.

É surpreendente e emocionante escutar os relatos e perceber as (re)descobertas que cada uma faz de si mesma. A dificuldade da massa dura despertou vários sentimentos como raiva, desafio, vontade de desistir, tentativa de fuga da situação presente do aqui e agora, percepção dos seus próprios limites. Ao mesmo tempo em que se confrontavam com a dificuldade presente, faziam conexões com situações de suas vidas e recuperavam recursos valiosos que já possuíam, mas que lhes fugia da consciência.

Décimo encontro: *Retomando os seus ideais*

Vivência corporal: Caminhada Zen

Determinar um ponto da sala e o mais vagarosamente possível dirigir-se a ele com firmeza e determinação (a postura corporal ereta é importante). Lembrar de situações na vida, presentes ou passadas, nas quais se sentiu muito atuante, fazendo valer seus próprios valores e ideais, indo de encontro a suas necessidades.

Vivência: Conto "A princesa obstinada"

Refletir sobre o conto (in *Histórias da Tradição Sufi*, 1993), o que lhes chama mais atenção, com quais personagens e situações se identificam, o que gostariam de trazer de qualidades do conto para suas vidas no presente. Representar graficamente o sentimento evocado a partir do conto.

Projeto Pastorarte...

Através dessas vivências foi possível perceberem os entraves do passado e os atuais e, principalmente, contatar a energia interior que provém da certeza de que trilhamos o nosso verdadeiro caminho, por mais árduo que este possa parecer (como ficou bastante evidente no conto proposto). Ficaram claras as conexões existentes entre a direção de nossas vidas e as escolhas que fazemos, evidenciando a responsabilidade de nossas atitudes e a necessidade de tomarmos uma postura mais ativa e consciente no nosso destino.

Décimo primeiro encontro: *Teatro – experimentando novos personagens*

Vivências:

Inicialmente, foram espalhados pela sala todos os trabalhos já realizados até então e foi proposto um caminhar por entre eles, lembrando-se dos sentimentos presentes em cada momento dos vários encontros. Ao som de música de fundo, são convidadas a imaginarem personagens que gostariam de representar e também montar uma peça de teatro. Elas estavam muito animadas com os tecidos e adereços e já foram elaborando o seu próprio personagem e sua fantasia.

Com o som envolvente da música, dançavam com tanta espontaneidade, que sugeriu-se que cada uma apresentasse a dança da sua personagem e todas a imitassem, porém da forma que as suas próprias personagens o fariam. Assim, uma "odalisca" dançava como uma "princesa" e uma "cigana" como uma "professora" etc. A dança foi considerada como o teatro, já que é uma forma de diálogo também.

Durante o processo, foram percebendo vantagens e desvantagens nas personagens, aquilo que lhes agradava e o que não, buscando seus pontos de identificação com elas, experimentando e arriscando novas formas de ser, de maneira descontraída e prazerosa.

Tramas criadoras na construção do "ser si mesmo"

Décimo segundo encontro: *Fechamento – Mandalas*

Vivência corporal: Mandalas vivenciadas corporalmente com o grupo todo.

Vivência:

Confeccionamos mandalas com pingos de velas coloridas em um copo com água. É uma atividade que promove uma interiorização profunda e um clima de reverência a algo que é maior do que todas nós juntas ali presentes. Derreter, transformar através do fogo, condensar através da água, modificar a configuração sem alterar os componentes básicos, observar o resultado: todas essas etapas pertencem a essa atividade. É um processo alquímico, que faz um paralelo metafórico com todo o nosso trabalho de re-construção pessoal.

Algumas considerações finais

O trabalho de auto-expressão livre e encorajado, nos moldes do Atelier Terapêutico como aqui é proposto, atinge diretamente a questão da autoconfiança. Na medida em que as pessoas entram em contato consigo mesmas percebendo a riqueza interior que possuem, ampliam o universo do seu repertório e a compreensão do significado impresso em suas vidas. São suas próprias imagens internas que podem vir à tona, graças ao meio propício que lhes é oferecido, promovendo um aumento no seu poder pessoal e em consequência uma capacitação maior para lidar com suas dificuldades.

Partimos da crença no potencial de cada ser humano como único e capaz de direcionar a própria Vida, compreendida num sentido mais amplo, que não leva apenas em consideração os aspectos de Ego. Todo ser humano possui igualmente esse potencial criativo, mas a chave para acioná-lo somente pode advir de dentro de cada um . Entrar em contato consigo mesmo de uma forma segura, amorosa e esclarecedora leva ao âmago desse potencial gerador de Vida, pois o indivíduo percebe o valor que possui, naquilo que simplesmente ele É e na sua responsabilidade sobre o acionamento de seu próprio potencial.

Projeto Pastorarte...

Transitar por diferentes linguagens expressivas, que não apenas a verbal, possibilita a ampliação do campo do conflito, como o efeito de uma lente de aumento. Muitas vezes sabemos que algo nos incomoda mas não sabemos exatamente o que é ou ficamos aprisionados em uma única forma de ver a questão. Pintar, desenhar, modelar, dançar etc. dentro de um contexto terapêutico, possibilita a compreensão e representação dos próprios processos, bem como a integração destas descobertas num todo maior.

"A arte ajuda a curar o que parece incurável ou dá concretude a abstrações interiores possibilitando lidar melhor com elas"(Ciornai, 1983). Na medida em que damos forma a algo que antes era difuso e não integrado, abrimos a possibilidade para a conscientização, o crescimento e a cura.

"A expressão artística pode proporcionar ao homem condições para que estabeleça uma relação de aprendizagem diferenciada com seu semelhante e com o mundo que o rodeia" (Allessandrini, 1996, p.28). A arte terapia em grupo proporciona a oportunidade para que a pessoa entre em contato com outros universos diferentes do seu, podendo reconhecer de forma concreta a diversidade de expressões e realidades. Num clima de acolhimento é possível entender e aceitar a si mesmo e também ao outro, o que ajuda a trocar o julgamento, tão presente nas relações, pela compreensão, onde as diferenças observadas tomam um caráter de complementariedade com possibilidade de troca e consequente enriquecimento individual e grupal.

Por fim a sensação de amorosidade, paz interior e a alegria evidente nos nossos encontros faz-me acreditar que a Arte Terapia é um dos muitos recursos terapêuticos que contribuem para a melhoria da qualidade de vida das pessoas, é uma chave capaz de abrir as portas do imenso potencial criador e curador do ser humano.

Referências Bibliográficas

ALLESSANDRINI, C. D. (1996). *Oficina Criativa e Psicopedagogia* São Paulo, Casa do Psicólogo Livraria e Editora.

CIORNAI, S. (1990). *Grupos de arte terapia com mulheres latinas de classe trabalhadora.* Tradução do texto "The Arts in Psychotherapy ".

FARAH, R. M. (1995). *Integração Psicofísica.* São Paulo, Robel Editorial e Companhia Ilimitada.

FELDENKRAIS, M. (1977). *Consciência pelo Movimento.* São Paulo, Summus Editorial.

Histórias da Tradição Sufi. Rio de Janeiro, Edições Dervish - Instituto Tarika, 1993.

OECH, R. V. (1988). *Um toc na cuca– Técnicas para quem quer ter mais criatividade na vida.* São Paulo, Cultura.

A arte e os 4 elementos 9

DEOLINDA M.C.F. FABIETTI
REGINA FIOREZZI CHIESA

Um pouco da nossa história

Tudo começou em 1994 quando resolvemos juntar um pouco de nossa história pessoal. Somamos o amor e o carinho que a Deolinda tem pelas pessoas idosas, com a história de fazer arte que a Regina vem buscando como guia no caminho pessoal e profissional.

Da Gerontolgia à Arte Terapia, foram 4 anos de estudo, vivências e muita busca.

O primeiro passo foi entender o processo de envelhecimento. O envelhecimento não é um fenômeno biológico ou fisiológico sobre o qual podemos meramente agregar os aspectos sociais, culturais e psicológicos. Todos esses elementos estão intrinsecamente relacionados. Em todas as sociedades os seres humanos ficam adultos, envelhecem e morrem. O variável é o modo como as diversas sociedades e culturas trabalham com esses momentos da vida. Os idosos são pessoas, ao passo que o envelhecimento é um processo. Todavia, para poder resolver os urgentes problemas clínicos e sociológicos introduzidos pelo número cada vez maior de pessoas mais velhas no país, precisamos conhecer melhor o processo e as conseqüências do envelhecimento. (Chiesa & Fabietti, 1997)

Sociedades harmoniosamente equilibradas tendem a assegurar aos velhos um lugar decente, confiando-lhes tarefas adequadas às suas forças, mas negam-lhes quaisquer privilégios. Segundo Simone de Beauvoir (1975) uma sociedade desvenda seus princípios e fins, ao revelar de que modo se comporta em relação aos seus velhos. Infelizmente, nas sociedades contemporâneas, o velho vive uma situação de escândalo,

Tramas criadoras na construção do "ser si mesmo"

vitimado por três males: saúde precária, indigência e solidão. A situação é trágica e complexa em seu quadro de isolamento, doença, desrespeito, exclusão, dependência, carências múltiplas e perda de papéis. Essa situação se deve em grande parte à existência de atitudes negativas e estereótipos sobre a velhice, tanto herdadas de nossa tradição cultural, como determinadas por fatores contextuais atuais. Impossível é afirmar que exista uma visão uniforme sobre a questão da velhice, quer na TV, na propaganda, na literatura, no livro didático e nas produções de humor, quer mesmo na literatura psicológica. Felizmente, temos visto nos últimos anos estudiosos do envelhecimento humano devotando considerável atenção à pesquisa, que apresenta uma imagem mais positiva da velhice, como uma fase dinâmica e criativa do desenvolvimento humano.

Considerando alguns aspectos vamos perceber que a inteligência, por exemplo, permanece relativamente estável durante a vida e não há barreiras para a aprendizagem em qualquer momento dela. A capacidade para a atividade física pode permanecer constante, dependendo mais do estilo de vida e de fatores culturais e ambientais do que propriamente da idade; a criatividade ocorre em qualquer idade e é facilitada pela maturidade; quanto maior o nível educacional, maiores as chances de gozar de boa saúde e de se adaptar; a personalidade não muda; o senso de realização sexual aumenta com a experiência; a idade é um indicador pobre de diferenças interpessoais quanto à capacidade de reencontrar prazer e ser feliz.

Diz-se correntemente, que pessoas mais velhas não aprendem, quando na verdade estão aprendendo a abandonar velhos papéis e a desempenhar novos ou até papéis alternativos dentro da estrutura social, durante a meia idade e a chegada da velhice. O caráter flexível ou rígido do idoso vão ser determinantes na sua socialização. Sendo uma pessoa aberta, flexível em relação à aprendizagem, na meia idade e na velhice, ela pode ter uma série de vantagens. Ela desenvolve em geral uma maior responsabilidade, confiabilidade, sensatez e interesse. Ela aprende a ser seletiva, a se dirigir para as coisas que realmente são importantes.

Preparar para a aposentadoria e para o envelhecimento é educar para o uso do tempo livre, possibilitando assim a redefinição do sentido da vida. Educar para o uso do tempo livre é também educar para os valores do lazer e, através dessa prática, ensejar a produção cultural, a participação comunitária e o trabalho voluntário.

A arte e os 4 elementos

Considerando estes e tantos outros aspectos, acreditamos que a arte é um instrumento eficaz e dinâmico para uma nova perspectiva de vida. A arte sendo usada para liberar no indivíduo seu poder de criatividade e de realização.

Mergulhamos então, estudando, pesquisando e fazendo arte, não com a razão e a inteligência mas com a alma, com a nossa essência. Através da arte, percebemos que "a criatividade e a atividade artística como facilitadoras e catalisadoras no processo de resgate de qualidade de vida, de resgate do sentido mais humano do viver " (Ciornai,1995, p.60). Para Kandinsky, a obra de arte é o espírito, que através da forma, fala, se manifesta, exerce uma influência fecunda.

A escolha dos 4 elementos

Durante todo o processo de "fazer arte" nos encantava, as inúmeras possibilidades de criação, o porquê de cada material, considerando sua textura, consistência e sua função. Foi então que despertamos para os 4 elementos da natureza, ou seja, terra, água, fogo e ar.

A **Terra** que simbolicamente se opõe ao céu, nos sustenta, nos nutre; símbolo da fertilidade e origem da vida. A grande mãe que está sempre pronta para nos acolher. Ligada às nossas raízes, ao nosso corpo físico, é a nossa conexão com o mundo material.

A **Água** fertiliza a terra onde nasce a vida. Símbolo de limpeza, purificação, sabedoria, pureza, graça e virtude. Além de regeneradora, é nosso imenso reservatório de energia. Está ligada ao nosso corpo emocional e à intuição.

O **Ar**, símbolo sensível da vida invisível, via de comunicação entre a terra e o céu. É vida, expansão, o alçar vôo, a liberdade, a comunicação. A liberdade aérea fala, ilumina e voa. Está ligado ao nosso corpo mental.

O **Fogo**, assim como o sol, simboliza por suas chamas a ação fecundante, purificadora e iluminadora. É regenerador , transformador, um prolongamento da luz. Através do fogo podemos despertar a nossa chama interior, conectando com a essência, com a espiritualidade. Tem ligação com o nosso corpo espiritual.

Tramas criadoras na construção do "ser si mesmo"

Foi vivendo e fazendo arte com estes elementos que nos aprofundamos nas suas propriedades e características. Foi experimentando que descobrimos quão facilitadores eram eles para trabalharmos com esta população.

Trabalhar com os 4 elementos é estar despertando um maior contato com a natureza da qual fazemos parte, de que por circunstâncias várias nos afastamos, deixando de perceber as coisas mais simples e primordiais que tanto necessitamos. À medida que nos aproximamos desta natureza, nos damos conta das cores, dos movimentos, das formas, do contraste luz e sombra, dia e noite e de tantas transformações que ocorrem a todo instante. Quanto mais integrados com essa natureza mais perto estamos de nós mesmos.

Trabalhando um bloco de **barro**, entramos em contato com o ciclo do barro e desta forma podemos pensar no ciclo da vida, onde o processo de transformação está presente o tempo todo. Pegando o barro nas mãos percebemos ao tocá-lo a sensação de frio ou calor, sua plasticidade e flexibilidade. Desse contato, nos lembramos de nossas raízes, de nossa estrutura. A **água** nele contida facilita seu modelar, dando forma a algo contido internamente. Essa água é fundamental para a modelagem e quanto mais água acrescentamos à sua massa, mais flexível ela se torna. A água é objeto da fantasia que acolhe as emoções, a sensibilidade e a intuição. Pronta a peça, inicia-se o processo de secagem e esta exposta ao **ar** vai se transformando, tomando forma, mudando de cor. É uma sensação de liberdade, de criação, de comunicação, uma busca de solidez interna. É um processo lento mas muito forte. Quando seca, encontra-se num momento de muita fragilidade. Colocá-la no forno exige cuidado. É na queima que o elemento **fogo** entra em ação; ele contém a força do agir. O barro se transforma em cerâmica. É um momento de emoção, de um discernimento maior. Fogo que transforma e amplia. Assim fecha-se o ciclo com o contato com a terra, com a emoção da água, com a liberdade do ar e a transformação do fogo.

Este tema evoca um trabalho de autoconhecimento, de equilíbrio e consequentemente de bem estar e melhor qualidade de vida.

Nossa clientela descobre, através deste trabalho, a essência do "aprender" para a vida, apostando na sua força interna para crescer e construir um mundo de pensamentos, sentimentos e ações. Muitas vezes,

A arte e os 4 elementos

estão tão limitados pela escola da vida que não se julgam capazes de renascer. É através da arte que exercitam a habilidade ainda existente de julgar e formular significados. Afinal, a vida está em constante transformação, recriando-se a cada instante.(Chiesa & Fabietti, 1997)

O 1º encontro

Nosso primeiro trabalho ocorreu em 1995, no Recanto São Camilo (Granja Viana) e marcou o início de tantos outros.

Elaboramos um projeto de 4 encontros e "mãos à obra". Foram muito simples, tímidos, mas nos deixaram muito mobilizadas. Cada elemento e material que íamos introduzindo, um despertar, um novo aprendizado somado a muita alegria e muitas descobertas.

A partir destes encontros pudemos ver como a arte integra, desperta e mobiliza os sentimentos.

No início, o comportamento de todos era muito contido, individual e restrito. Com o tempo, os sentimentos foram aflorando e puderam ser compartilhados. Os testemunhos de suas emoções, mostraram as "grades" e "gaiolas" em que se encontravam. O sentir-se criança e o brincar resgataram toda a possibilidade do sentir-se "capaz de fazer". Pudemos, por intermédio da arte, estimular a descoberta de novos caminhos e o encontro de "si próprio".

Nossa ação de "encorajamento" ficou muito clara, quando com muito carinho, mostrávamos que era possível trabalhar, apesar das dificuldades impostas pela idade. Uma das senhoras, que sofria de depressão, confessou: "Durmo para fugir de um problema. Sei que ele existe, mas não sei como enfrentá-lo." "A sensação que tínhamos era a de um renascer". (Chiesa & Fabietti,1995, p.79)

Estes encontros propiciaram um convívio mais íntimo, um "se conhecer", uma verdadeira integração. Imaginem que estas pessoas já conviviam há alguns anos e não se conheciam! Nestas condições, a arte resgata a memória das pessoas. Respostas vêm, histórias são contadas, músicas, versos... A lógica pode não existir, mas a pessoa ainda existe. O corpo fala, escuta e tem memória. (Serra, 1995)

Tramas criadoras na construção do "ser si mesmo"

Os encontros continuam...

Desde então, nosso trabalho vem evoluindo. Mantemos sempre um contato estreito com supervisores, ampliamos nossos conhecimentos e pesquisas de materiais. Os grupos não são só os de terceira idade, mas de todas as idades abrangendo a educação e a saúde. Embora diversos, uma coisa se mantém em comum: a presença dos 4 elementos em nossas dinâmicas.

Quando nos deparamos, por exemplo, com pessoas mais rígidas, cheias de exigências para consigo mesmas, trabalhamos com aquarela, explorando o elemento água. No entanto, antes de introduzirmos o material, procuramos fazer uma sensibilização corporal, com exercícios ligados à flexibilidade, movimentando as articulações. Desta forma, estas pessoas vão sentir seus corpos, juntamente com o movimento de descontrole e desordem da água, se soltando, ousando...Segundo Judith, A. (1995), o corpo é uma onda de movimento, e nada em volta deste corpo é estático. Tudo está em constante mudança o tempo todo, como se o corpo fosse um rio de mudanças. O indivíduo se move no fluxo da água e as emoções emergem, mexendo, remexendo e borbulhando. Elas crescem, tocam e se levantam, virando movimentos, ondas de mudança; a água flui para dentro e para fora. A água é a essência de todas as formas, porém sem forma.

À medida que as pessoas vão se familiarizando com o material, experimentando e explorando, trazem seus medos, suas raivas, suas frustrações, suas alegrias, na dose que podem estar elaborando, passo a passo. Parece uma catarse, que na realidade só é um primeiro encontro, um encontro com sua essência, com seu "eu". Este processo muitas vezes pode ser lento, levando até meses. Queremos citar o caso de uma mulher (D. 47 anos), que depois de algumas vivências com a água, sonhou com ela. Atravessou rios lamacentos. Sentiu muita dor, aflição, angústia... Parecia que nunca iria sair daquela água tão suja. Hoje consegue mergulhar em águas cristalinas e profundas. Ela pode se ver no fundo, sem medo...

O mesmo acontece quando se trabalha um grupo. Seus participantes começam nossos encontros preocupados com a arte enquanto beleza estética, com a arte clássica. Nossa proposta é totalmente oposta a esse padrão, a essa expectativa. Mais uma vez o elemento água entra em ação: aquarela, muita água, as cores se misturando espontaneamente, o

A arte e os 4 elementos

não controle e a surpresa. As formas surgem de um lugar que não é do pensar. Deste contato, a emoção vem à tona. É como se estivessem vendo o espelho da alma.

Surgiram situações em que o grupo por si trazia muita emoção e mais uma vez o elemento água contribuiu para que esta emoção tomasse forma, fosse na pintura, fosse em forma de poesia. Uma sensação de liberação.

Da mesma forma que o elemento água evoca as emoções, o elemento terra nos dá o *grounding*, o enraizamento, a concretude, a realização. Para trabalhar esse "chão" fazemos exercícios corporais dando ênfase aos movimentos de pernas e pés. Os pés fazendo o papel de raízes, buscando suporte e nutrição na terra. O barro é o material escolhido pois permite que o indivíduo experimente, ao tocá-lo, diversas sensações, cheiros, texturas, cores e sons. É sentir a terra em seu estado natural. É sentir a proteção e a abundância, a riqueza das formas infinitas, a solidez e a imensidão de como esta terra nos sustenta e nos nutre. Segundo Judith, A. (1995), sentir o chão é a prova da verdade, é onde tudo descansa, onde tudo cresce. É o ponto onde tudo começa. É a conexão com o mundo físico, a fundação, o suporte e a estabilidade. O lugar de onde toda ação e entendimento começará e para onde retornará.

"Foi uma sensação maravilhosa… As formas da minha escultura iam mudando, as cores. Veio o verde, o azul e o lilás. Senti muita paz interior." (G., 73 anos)

No nosso percurso pudemos perceber que tocar o barro pode dar a sensação de calma, tranqüilidade… É uma viagem à infância, às suas raízes. É um encontro prazeroso que leva às profundezas. A natureza misteriosa do barro propicia ao ser humano um conhecimento mais profundo de si mesmo. Pode-se perceber o dar forma, o volume, o espaço. É como construir sua imagem.

Depois de terminada uma máscara de argila, E., 46 anos, disse: "Minha máscara é feia, pesada, difícil de equilibrar, mas hoje não tenho medo de tocar nela ou olhar para ela".

Já uma outra mulher disse: "Me aprofundei na massa com garra, de olhos fechados. Surgiu uma máscara que lembrou meu pai. Foi difícil, não pude entrar em contato. Joguei fora. Agora quero me aperfeiçoar." (M., 40 anos)

Tramas criadoras na construção do "ser si mesmo"

Já A., de 30 anos não gostou de trabalhar com o barro. Tinha dificuldade em enraizar, preferindo flutuar. Mas mesmo assim sentia a polaridade como se estivesse num lugar escuro e quente, com pontos de luz e isolamento. Sentia-se como um caracol bem enrolado e ao mesmo tempo como um peão rodando sem parar em busca de liberdade.

Durante o processo é importante respeitar estas dificuldades. Trabalhar com o barro duro ou mole pode ser facilitador ou não, dificultando ou até distanciando o indivíduo de seu caminho. O barro, no seu resultado final, traz a continência, o equilíbrio.

Lembramos um trabalho de grupo quando, depois de utilizarmos a água e a terra, muitas emoções emergiram. Eram ricas as metáforas que surgiam. Desde o "lavar" a terra e prepará-la para semeá-la, até as próprias participantes sentirem a necessidade da luz para crescer. Foi então que aproveitamos a deixa dada por elas para introduzir o elemento "fogo". Aos poucos, foram sentindo um suave calor, crescendo dentro de cada uma, como se tivesse vida e consciência para despertar.

Para iluminar a vida, precisamos expandir, alongar, crescer. Como diz Judith, A. (1995) a dança da vida vai queimando os medos e as dores. O calor derretendo a tensão, pulsando forte, crescendo. É um ritmo que cura, acalenta, esquenta, refresca.

Cada um de nós pode acender esta pequena fagulha de fogo, calor e luz que existe dentro de nós. É acender nossa chama interior. É lutar contra a escuridão, empurrando-a, mas percebendo que nos pertence. Faz parte da nossa força, dos nossos medos. O fogo luminoso que traz o calor transformador.

A., 30 anos, depois de uma sessão onde trabalhou o elemento fogo, falou sobre o mito da caverna e o mito da lanterna: "Eu estava numa caverna escura e você me deu uma lanterna."

O elemento fogo é desconhecido para as pessoas. Ele é intrigante, desafiador. Velas coloridas são usadas para iniciar o processo, assim como a parafina derretida para confeccionar as velas. É importante também aquecer o corpo internamente. Vários exercícios corporais ajudam a colocar estas pessoas em contato com esse elemento, como por exemplo: acordar o corpo e alongar. O objetivo é estar trabalhando o "eu posso", o nosso poder interno.

A arte e os 4 elementos

R., 23 anos, quando trabalhou o fogo sentiu o quanto era difícil buscar este aquecimento dentro e fora. Insistiu e conseguiu. "O crescimento é aos poucos, dando espaço para mim. Se aquecer é ter os pés na terra e a cabeça na água."

C., 30 anos, faz a seguinte elaboração: "O contato com os sentimentos e pensamentos obscuros vão clareando à medida que a luz atravessa a neblina, o véu que cobre a verdade. Eu caminho atenta permitindo chegar ao limite de cada pensamento e sentimento, do controle ao descontrole. Será que ao experimentar o limite eu posso passar e retornar também? SIM !!!! TRANSFORMAÇÃO".

A seguir escreve esta poesia:
"Crescer é viceral
circular, sangrento.
Lidar com opostos
Um olho que observa tudo
Denso, transparente, turvo.
Mas no fundo...é belo."

Trabalhar o fogo inspira cuidado, conforto, acolhimento. As emoções e sensações que emergem são fortes, às vezes descontroladas. O ambiente se torna quase sagrado, velado. Uma cliente, A., 26 anos diz: "Sinto a pressão no peito, ansiedade, aceleração e palpitação, como se fosse uma máquina à vapor. À medida que vai queimando vem uma sensação gostosa, que vai brecando. Porém...eu sinto, eu vejo, mas eu não posso ainda."

Trabalhar com velas coloridas com L., 10 anos, suscitou excitamento, organização e concentração. Depois de terminadas as velas e observado a mesa, sugere a limpeza e o colocar em ordem o material usado. Foi aí que falou que gostaria de organizar "seu quarto" também...

Inspirando fundo, inalando o ar, vamos sentindo o nosso corpo, fazendo contato com ele, tocando o nosso espírito. Saltamos então para dentro do ar, acima da terra, acima da água, além do fogo, em direção ao céu, em busca de nossa estrela guia. E como nos fala Judith, A. (1995), a cada tomada de ar, renovação, a cada respirar sentimos uma brisa dentro de nós, as brisas da transformação, a respiração dos ares que curam, inalando o novo e exalando o antigo. Livres, pairando sobre os ventos, abrimos e espalhamos nossas asas voando.

Tramas criadoras na construção do "ser si mesmo"

Esse é o momento de integração, da conversa entre o céu e a terra para que possa então surgir um talo de grama. "Do Amor fomos feitos em ondas de paixão, nosso espírito brilhou, e então descemos até nossas mães, Máter, matéria... A força do amor nos chamando para as profundezas da terra." (...) "Sinta esse amor no centro de você. Encubra-o com as suas mãos. Ofereça esse amor, peça para entrar no seu próprio coração." (...) "Dentro de cada um, existe amor, apenas aguardando o doce desabrochar. Liberte este amor sobre as brisas do ar e alcance além."(Judith, A., 1995, p.207)

Sempre que introduzimos o elemento ar exploramos a respiração enfatizando que todas as partes do corpo respiram. Na conexão céu e terra, falamos do equilíbrio, do centro, do coração. Tocar o coração é sempre muita emoção. Tanto no trabalho em grupo, como no individual, percebemos a dificuldade desse alcançar além, de reconhecer esse amor por si mesmo. Na maioria dos depoimentos observa-se uma grande disposição para dar, mas pouca para receber, ou seja dar para si.

T., 62 anos, depois desse contato, emociona-se ao relatar como foi bom sentir seu coração bater. Deu-se conta de que não se tocava, não se sentia havia muito tempo. "Como é bom me sentir viva, dona de mim."

Nestes 4 anos de experiência, trabalhamos com pessoas de diferentes níveis econômico-sociais, diferentes estados civis e idades. Em nenhum momento, estes fatores foram significativos para seus anseios e buscas. Nosso cuidado portanto, ocorre na construção de dinâmicas que permitam a essas pessoas, jovens ou não, acharem um caminho de luz, de serenidade, de integração, de encontro...

Referências Bibliográficas

ALLESSANDRINI, Cristina Dias, *Oficina Psicopedagógica integrando Arte e Cognição*, São Paulo,1994, trabalho não publicado.

ALLESSANDRINI, Cristina Dias, *Oficina Criativa e Psicopedagogia*, Casa do Psicólogo, S. Paulo, 1996.

ANDRADE, Carlos Drumond, A Educação do Ser Poético, in *Revista de Educação*, no. 15, São Paulo, 1974.

BARBOSA, Ana Mae, *A Imagem do Ensino da Arte*, Perspectiva, São Paulo, 1994.

BRUTON, Paul, *Idéias em Perspectiva*, Pensamento, São Paulo, 1984.

CARVALHO, Maria Margarida M.J.de, *A Arte Cura?*, Editorial Psy II, São Paulo, 1995.

CIORNAI, Selma, Arte Terapia: O Resgate da Criatividade na Vida, in *Carvalho, Maria M.M.J.de,* [A Arte Cura?] (pp59-63), Editorial Psy II, S. Paulo, 1995.

CHIESA, Regina & FABIETTI, Deolinda, A Arte na Terceira Idade, in *Revista de Arte – Terapia: Reflexões*, ano II, no. II, Departamento de Arte – Terapia do Instituto Sedes Sapientiae, São Paulo, 1997.

COSTA, Márcia Regina da, *Aspectos Antropológicos do Envelhecimento*, Caderno I do Curso de Gerontologia Social do Sedes Sapientiae, São Paulo, 1995.

JUNOY, Monse, *À procura da perfeição*, vol. II, Faap, São Paulo, 1994

JUDITH, Anodea, *Wheels of life*, Llewellyn Publications, St. Paul, 1995

KANDINSKY, *Do Espiritual na Arte*, Martins Fontes, São Paulo, 1990.

MOTTA, Edith M., *Reflexos da Aposentadoria... questão social do idoso*, Caderno II do Curso de Gerontologia Social do Sedes Sapientiae, São Paulo, 1995.

QUEIROZ, Zally P. Vasconcelos, *Conceito de Lazer*, Caderno II do curso de Gerontologia Social do Sedes Sapientiae, São Paulo, 1995.

SAVIANI, Iraci, O Espiritual e a Arte na ArteTerapia, in *Revista de Arte-Terapia: Reflexões*, ano I, no. I, Departamento de Arte –Terapia do Instituto Sedes Sapientiae, São Paulo, 1995.

SERRA, Monica, *in Carvalho*, Maria M. M. J. de, (A Arte Cura?) (p. 136), Editorial Psy II, S. Paulo, 1995.

VIGNOLI, Maria Tereza, Resgate da Linguagem Lúdica e Poética, *in Revista de Arte-Terapia: Reflexões*, ano I, no. I, Departamento de Arte-Terapia do Instituto Sedes Sapientiae, São Paulo, 1995.

Sobre os autores

Célia Regina Faria Cusciano - Educadora. Professora de Educação Infantil há 13 anos. Cursou Direito na Universidade Mackenzie. Desenvolveu formação no Sistema Montessori no Instituto Montessori de São Paulo. Fez pós-graduação em Psicopedagogia na Faculdade Pinheirense.

Cristina Dias Allessandrini - Mestre e Doutoranda em Psicologia pela Universidade de São Paulo. Psicopedagoga, arte-terapeuta e arte educadora. Membro fundador do Instituto de Estudos do Futuro. Professora da Fundação Peirópolis e dos cursos de Arte-Terapia e de Psicopedagogia do Instituto Sedes Sapientiae. Supervisora em Arte Terapia e em Psicopedagogia. Artista plástica, com experiência no uso de materiais inusitados na construção de projetos. Autora de livros e publicações na área. Conferencista internacional.

Deolinda M.C.F. Fabietti - Bacharel e licenciada em Letras pela Pontifícia Universidade Católica de São Paulo. Especialista em Gerontologia Social e em Arte-Terapia pelo Instituto Sedes Sapientiae. Preocupada com a relação do homem com o meio ambiente, vem trabalhando com grupos de mulheres em processo de envelhecimento, em Espaços Culturais e na Universidade Aberta de Osasco.

Dilaina Paula dos Santos - Arte-educadora pela FEBASP – Faculdade de Belas Artes do Estado de São Paulo. Pedagoga com habilitação em Administração, Orientação e Supervisão Escolar pela Universidade de Guarulhos. Psicopedagoga pela UNIP/Objetivo. Cursando a especialização em Arte-Terapia no Instituto Sedes Sapientiae. Ministra oficinas de bonecos dirigida a educadores e terapeutas.

Júlia Regina de Miranda Kleiner – Psicóloga e Psicopedagoga. Utiliza recursos de Terapia Artística (Antroposofia), da Reorganização Neurológica (método de B.Padovan); dos Toques Sutis (Cinesiologia Psicológica de Pëtho Sandor); dos Florais de Bach e alinhamentos energéticos. Fez vários cursos formativos sobre o trabalho com o portador de deficiência mental e sobre a doença mental.

Tramas criadoras na construção do "ser si mesmo"

Lígia Saadè do Nascimento – Artista plástica. Arte educadora e arte terapeuta. Pós graduanda em Psicopedagogia pela Universidade Católica de Goiás.

Mariana Ferreira Mendes – Psicóloga pela PUC – Pontifícia Universidade Católica. Pós graduanda em Psicopedagogia pela UNIP – Universidade Paulista. Educadora. Professora de Educação Infantil há 9 anos.

Maria Olívia Balieiro – Pedagoga pela FMU – Faculdades Metropolitanas Unidas. Desenvolveu formação no Sistema Montessori de São Paulo. Professora de Educação Infantil há 13 anos.

Maria Geralda Magela Felipe – Formada em Letras pela Universidade São Francisco. Desenvolveu formação no sistema Montessori na Escola Irmã Catarina. Professora de Educação Infantil há 8 anos.

Márcia Aparecida Forão do Amaral – Pedagoga pela PUC – Pontifícia Universidade Católica. Desenvolveu formação no Sistema Montessori no Instituto Montessori de São Paulo. Fez pós-graduação em Psicopedagogia na Faculdade Pinheirense. Professora de Educação Infantil há 24 anos.

Marisa Pires Fernandes Bianco – Psicopedagoga clínica, com prática em desenvolvimento da consciência e expressão corporal. Integra arte à terapia da aprendizagem. Tem dado grande ênfase à pesquisa sobre o poder da palavra e à importância das histórias para o desenvolvimento das crianças e jovens. Além de atendimento clínico, ministra palestras, workshops e cursos para educadores e adultos em geral.

Regina Fiorezzi Chiesa – Arte educadora, formada pela FAAP – Faculdade Armando Álvares Penteado. Ceramista. Especialista em Gerontologia Social, Arte-Terapia e Psico-oncologia pelo Instituto Sedes Sapientiae. Em formação em Energética do Psiquismo. Desenvolve formação em Dinâmica Energética do Psiquismo – DEP. Pesquisa a relação entre os quatro elementos e a cura em mulheres com câncer de mama..

Sandra Meire de Oliveira Resende Arantes – Psicopedagoga Clínica e Institucional. Além dos atendimentos em atelier

Sobre os Autores

psicopedagógicos, trabalha, atualmente, em uma escola da rede particular de São Paulo, com adolescentes com dificuldades de aprendizagem. Formou-se em Letras e em Psicopedagogia pela PUC-SP, onde ministrou aulas no Curso de Especialização em Psicopedagogia, como professora convidada. Cursa atualmente a Especialização em Arte-Terapia do Instituto Sedes Sapientiae.

Terezinha S.A. Pinheiro – Psicóloga pela USP. Psicoterapeuta, com especialização em Cinesiologia Psicológica pelo Instituto Sedes Sapientiae. Atualmente desenvolve a formação em Arte-Terapia no Instituto Sedes Sapientiae.

Yolanda da Costa Guimarães Arantes – Pedagoga pela Faculdade de Filosofia, Ciências e Letras Sedes Sapientiae, da PUC. Especialista em Filosofia da Educação e em Orientação Educacional pela mesma Faculdade. Pós graduada em Psicologia Educacional pela Faculdade de Educação da USP – Universidade de São Paulo. Educadora. Uma das pioneiras na implantação do Sistema Montessori em Educação Infantil, no Brasil.